6시그마 혁신을 **혁신**하라

이 도서의 국립중앙도서관 출판시도서목록(CIP)은 e-CIP 홈페이지
(http://www.nl.go.kr/cip.php)에서 이용하실 수 있습니다.(CIP제어번호 : CIP2008002857)

6시그마 혁신을 혁신하라

금융서비스 6시그마 실전 노하우

LIG손해보험 6시그마연구회 지음

리드리드출판

추천의 글

IMF 이후 우리나라 기업들은 생존을 위해 또는 글로벌스탠더드에 근접하기 위해 구조조정과 기업체질개선을 위한 혁신활동에 매진하였고 부분적으로는 상당한 성과가 있었다고 평가할 수 있다. 그 결과 전자, 조선, 자동차산업을 중심으로 한 세계적인 제품 개발과 아울러 기업의 위상이 한 단계 격상되었지만 종합적인 관점에서 본다면 아직도 갈 길이 멀게만 느껴진다. 따라서 지금은 우리가 추진해 왔던 경영혁신을 새로운 시각에서 다시 점검하고 국가 차원에서는 선진국으로의 도약을, 개별 기업 차원에서는 Fast Follower를 벗어나 Innovative Leader로 도약하기 위해 노력해야 하는 중요한 시기라 하겠다.

기업을 비롯한 모든 조직들이 혁신의 중요성을 강조하고 있지만 실상 혁신활동이 경영진의 의도대로 제대로 되고 있는 기업은 그리 많지 않다. 표면상 혁신이 잘 이루어지고 있는 것으로 보이는 기업도 혁신활동이 장기적으로 추진되면 현장에서는 피로감과 눈에 보이지 않는 저항으로 혁신 활동이 한계를 보이게 되는데 그만큼 개혁이나 혁신의 지속적인 실행과 체질화가 어려운 것이다. 이러한 관점에서 기초 체력, 도전성 및 지구력을 중시하는 마라톤을 기업경영에 접목한 마라톤 경영이 정립되었고 2003년부터는 LIG손해보험이 6시그마를 도입함으로써 제조업 중심의 혁신기법을 금융서비스업에도 적용하게 되었다.

마라톤과 경영혁신을 비교해 보자. 첫째, 경영혁신은 기초 체력과 기본기가 무엇보다 중요하다. 마라톤이 기초 체력과 안정적인 달리기 기술 등 기본기를 필요로 하듯, 경영혁신도 이와 마찬가지로 기업구성원의 역량과 기본기가 충실해야 성과를 조기에 가시화할 수 있고 혁신추진에 따른 부작용도 최소화할 수 있게 된다. 따라서 경영혁신을 본격적으로 추진하기에 앞서 우수한 인재를 선발하고 교육과 제도적 지원을 통해 역량과 열정이 충만한 혁신리더를 양성함으로써 철저한 사전 준비를 해 나가야 한다.

둘째, 경영혁신은 본질상 한계를 돌파하는 도전정신이 필수적이다. 마라톤이 인간 한계에 도전하는 운동인 것처럼 경영혁신을 성공하기 위해서는 끊임없이 한계 돌파를 추진하고 그 성공 체험을 통해 구성원들이 희열을 느끼고 몰입하도록 만들어야 한다. 이를 위해서는 CEO를 비롯한 경영진이 경영목표와 혁신활동의 연계를 통해 지속적으로 성공사례를 만들어 가야 하고 지속적인 노력을 통해 혁신에 혁신을 거듭해 나가야 한다. 도요타가 세계 최고의 자동차 메이커가 된 것은 한 차례의 혁신에 의해 달성된 것이 아니라 끊임없는 혁신과 개선활동을 통해 이루어졌다는 것을 잊지 말아야 한다.

셋째, 경영혁신은 지구력과 순발력이 절대적으로 필요하다. 마라톤에서 수시로 변화되는 코스의 특성과 경쟁 마라토너의 전략에 따라 적절하게 자신의 페이스를 조절하고 그에 맞는 레이스를 펼쳐야 하듯 경영혁신도 장기적으로 일관성을 유지하되 환경 변화에 대해서는 누구보다 순발력 있게 대응하고 기존의 방법을 발전시켜 나가야 한다. 아울러, 혁신활동도 기업의 특성과 현장에 적합한 맞춤형 혁신프로그램으로 발전시켜 나가야 하는 것이다.

2004년 LIG손해보험에 경영혁신의 방법론으로 6시그마를 도입했을 때에는 기대가 큰 만큼 우려도 컸었다. 과거 우리나라 기업에 도입되었지만 일시적인 유행에 그치고 말았던 여러 가지 경영혁신기법들과는 달리 6시그마는 꾸준하게 지속 발전됨으로써 기업의 경영개선과 체질개선에 분명한 효과가 있다는 것은 기대되는 점이었던 반면, 아래와 같이 우려되는 점이 훨씬 더 많았던 것 같다. 즉, 6시그마가 제조업에서 시작하여 제조업의 관점에서 방법론과 사례가 개발되었기 때문에 금융서비스 기업의 성공사례가 많지 않았다는 것, 6시그마가 품질개선을 위한 방법론으로 시작되어 통계적 기법에 치중하다 보니 금융서비스 기업에 부적합할 수도 있다는 것 그리고 6시그마를 잘못 인식하여 6시그마에만 지나치게 의존하려는 의식과 문화가 팽배할 수 있다는 것 등이 주된 우려 사항이었다. 그런 우려에도 불구하고, 5년여의 혁신과정을 평가해볼 때 적지 않은 성과를 거두어 왔다고 할 수 있겠다. 그러나 지금까지의 혁신에 만족하지 않고 또 다시 혁신해야 하는 과제가 우리 앞에 놓여 있다.

이는 또한, 금융서비스 기업에서 혁신을 진두 지휘하는 모든 CEO와 경영진들의 공통적인 과제라고 생각하며 이에, 우리 회사의 6시그마 추진방법론과 사례를 정리하여 책으로까지 내게 된 것의 의의와 기쁨이 크다 하겠다. 이 책은 LIG손해보험에서 6시그마전략을 직접 추진해온 임원과 현장에서 6시그마 프로젝트를 지도해온 MBB들의 실전 노하우와 경험을 바탕으로 쓰인 것인만큼 6시그마의 도입이나 정착에 어려움을 느끼고 있는 금융서비스 기업에게 좋은 실무지침서가 될 것으로 믿고 있다.

우리의 작은 노력을 계기로 많은 금융서비스 기업에서 경영혁신의 방법론과 사례가 개발되어 활발하게 교류됨으로써 지식경영을 통한 선진 한국의 초석이 다져지기를 간절히 기원하며 우리 회사의 경영혁신활동도 한 단계 나아가는 계기가 되기를 기대한다.

LIG손해보험

대표이사 부회장 구자준

프롤로그

혁신을 혁신하라

기업에 있어서 가장 중요한 역량을 꼽으라면 혁신역량이라고 말하고 싶다. 아무리 훌륭한 기업이라도 급변하는 경영환경과 기술혁신 하에서 혁신을 멈추면 능력을 발휘하지 못하고 자연스럽게 도태되기 때문이다.

혁신은 한 번 시행하고 그치는 것이 아니라 날마다 새로운 시각으로 끊임없이 추진해야 하며, 기존의 시각과 방법론에 집착하지 않고 과거의 혁신을 혁신해야 진짜 혁신인 것이다.

실제로 경영혁신을 추진하다 보면 많은 오해와 왜곡된 시각을 접하게 되는데 가장 많이 접하는 것이 '우리 실정과는 맞지 않는다', '경영혁신 때문에 업무가 새롭게 늘어난다' 등이다. 이러한 현상들은 혁신의 초기 학습효과가 낮은 단계에서 어쩔 수 없이 발생하는 것들이다. 하지만 이러한 현상이 개선되지 않고 지속된다면, 혁신의 추진방법이나 변화관리상 문제가 생겨 혁신을 성공적으로 추진하기 어렵게 된다. 이러한 현상을 빠른 시간 내에 극복하지 못하면 어떠한 혁신활동도 성공적으로 정착시키기 어렵게 되므로 이런 불평이 혁신 추진과정에서 발생하지 않도록 유의해야 한다.

경영혁신을 성공적으로 추진하기 위해서는 혁신을 추진하는 주체부터 혁신에 대한 제대로 된 인식과 새로운 시각을 가져야 한다. 즉, 경영혁신을 방법론적으로 접근하기에 앞서 '새로운 시각으로 문제를 발견하고 이를 바꿔 나가는 것이 혁신' 이라는 것을 잘 인식하고 있어야 한다. 최신 유행하는 방법론을 도입하는 것보다 창의적 발상을 통해 문제를 해결하고 한계를 돌파하는 것이 중요하다.

한국의 많은 기업들이 1995년을 전후하여 6시그마를 도입, 경영혁신의 도구로 활용해 왔다. 그러나 최근 6시그마의 효용성에 대한 의문이 제기되기 시작했고 혹자는 이제 6시그마의 시대는 가고 창의적 아이디어를 강조하는 트리즈(TRIZ)의 시대가 왔다고 주장하고 있다.

이러한 배경에는 기존 6시그마가 기술혁신과 비즈니스 모델 변화에 있어서 효과적으로 대응하는 데 근본적인 한계를 나타내고 있다는 지적이 있다. 6시그마는 태생적으로 품질불량 관리에 초점을 두고 시작해 제조업에서는 많은 효과를 거두었고, 최근에는 금융서비스업 등 다양한 업종과 산업으로 급격히 확산되고 있다. 하지만 금융서비스업의 경우 제조업과 마찬가지로 서비스 품질관리를 위한 프로세스가 분명히 존재하지만 제조공정과는 달리 서비스 품질수준에서 절대적인 기준이란 것 자체가 의미 없는 경우가 많아 6시그마의 핵심이라 할 수 있는 시그마 수준 측정 및 통계분석의 의미가 없다는 지적이다. 또한 최근 많은 기업들이 경영혁신에 있어서 중요한 화두로 품질 경쟁보다는 기술, 디자인 및 비즈니스 모델에서의 경쟁우위 확보를 더욱 중요시하고 있는 추세인 것도 관련이 있다.

그러나 이러한 6시그마의 문제와 한계에도 불구하고 현재 많은 기업들이 여전히 6시그마에 대해 지속적인 관심과 투자를 아끼지 않고 주목하고 있는 이유는 무엇일까?

가장 중요한 이유는 새롭게 등장하는 다양한 문제해결 스킬을 접목하여 6시그마가 지속적으로 진화하고 있으며, 적용분야도 품질분야에 국한하지 않고 경영의 모든 분야로 넓어짐으로써 종합적인 문제해결기법으로 발전하고 있기 때문이다.

또한 혁신추진체제가 일시적이 아닌 상시적인 체제로 되어 있으며, 혁신의 구심점인 Change Agent를 양성하기 위한 벨트제도와 변화관리를 위한 Wave제도가 잘 정립되어 혁신의 지속적인 추진과 체질화가 가능하다는 점도 큰 장점으로 평가되고 있다.

이와 같이 6시그마의 장단점 분석을 통해 그 한계와 유용성을 분명히 인식하는 한편, 다양한 혁신방법론을 수용하여 산업의 특성과 자기 회사의 실정에 맞게 유연하게 적용하고 발전시켜 나간다면 6시그마는 여전히 가장 훌륭한 경영혁신 기법이 될 수 있음을 확신한다. 다만, 6시그마가 경영혁신의 전부라고 착각하여 시장 변화에 따른 전략적 이니셔티브를 소홀히 한다면 그 기업은 반드시 어려움을 겪게 될 것이다. 올바른 전략의 설정과 추진 하에 실행력과 운영 효율성을 높이는 수단으로서 6시그마를 이해해야 성공적인 기업활동을 유지, 발전시킬 수 있다.

이 책은 이러한 관점에서 전통적인 6시그마의 접근 방식에서 벗어나 금융서비스업에서 일하는 MBB들이 6시그마를 적용해 과제를 선정하고 해결해 나가는 과정에서 체득한 성공과 실패 경험을 바탕으로 한 보다 실용적인 실전 가이드북의 관점에서 집필했다. 6시그마를 처음 도입하는 기업은 물론, 이미 도입해 적용하고 있는 기업의 경우에도 새로운 시각으로 경영혁신활동을 조명해 보고 혁신활동을 한 단계 발전시키는 계기가 될 수 있도록 했다.

경영혁신활동은 도입과 정착도 중요하지만 확산을 통해 그 기업의 DNA로 체질화되는 것이 무엇보다도 중요하다. 이를 위해서는 경영진의 지속적인 Commitment, 혁신 리더의 양성 및 다양한 방법을 통한 교육이 중요하며 이 책을 쓴 목적도 그러한 활동의 하나로 추진하게 된 것이다.

또한, 이 책은 여러 사람이 자신의 강점을 살려 집필했지만 한 회사의 혁신 경험과 일관된 경영혁신 철학의 시각에서 토론하고 감수함으로써 통일감과 완성도를 높이기 위해 노력했으며 금융서비스업의 다양한 사례를 개발해 포함시키고자 애를 썼다. 아무쪼록 이러한 우리의 노력이 우리나라 기업의 발전과 경영자 및 경영혁신 담당자에게 유익한 지침이 되기를 희망한다.

2008년 7월

공동 저자들을 대표해서, 김병헌

차례
Contents

Chapter 4

무엇을 측정하고, 얼마만큼 달성해야 하나? (Measure)

Chapter 5

진짜 문제가 맞나? (Analyze)

Chapter 6

과연 개선될 수 있다고 확신하는가? (Improve)

Chapter 7

앞으로 어떻게 관리할 것인가? (Control)

Chapter 8

6시그마 인프라 어떻게 지원할 것인가?

Chapter 9

경영혁신과 6시그마

Chapter 1

6시그마의 이해

6시그마는 문제해결 능력과 실행력 향상으로 Business Process를 최적화하고 성과를 극대화하고자 하는 문제해결의 대표적 방법론이다. 이 방법론은 Define, Measure, Analyze, Improve, Control 등 5단계의 로드맵과 각 단계별로 3개의 스텝(Step)씩 총 15개 스텝으로 구성되어 있다. 6시그마의 노하우를 살펴보기 전에 각 단계별 활동 내용을 간략히 알아보도록 하자.

Six Sigma

It is a business process that allows companies to dramatically improve their bottom line by designing and monitoring everyday business activities in way that minimize waste and resources while increasing customer satisfaction.

회사 일상 업무의 모니터링, 디자인을 통해 이익을 혁신적으로 증대시키는 비즈니스 프로세스가 6시그마이다. 이로 인해, 회사의 자원 낭비는 최소화되고 고객만족은 증가한다. _Mikel Harry

It is highly disciplined process that helps us focus on developing and delivering near-perfect products and services.

완벽에 가까운 제품과 서비스를 개발, 제공할 수 있도록 해주는 잘 정제된 프로세스다. _GE

1. 6시그마란?

전통적 의미에서 6시그마 운동이란, 제품 100만 개 당 3.4개의 불량품이 나오는 수준을 의미하는 것으로 즉 '완벽한 품질관리'를 뜻하는 활동으로 알려져 있다. 그러나 최근 금융 및 서비스업의 많은 기업들이 6시그마 방법을 도입하면서 이러한 품질관리의 목적보다는 Business Process 최적화에 초점을 두고, 이를 통해 경영성과를 극대화하기 위한 경영혁신 수단으로 6시그마 활동을 전개하고 있다. 뿐만 아니라, 6시그마 방법론에는 각종 문제해결 기법에 관한 다양한 스킬과 툴을 탑재하고 있어서 내부 임직원들의 문제해결 능력을 향상시키는 데 더없이 좋은 기법으로 활용될 수 있다.

이 장에서는 기존의 품질관리 측면보다는 금융이나 서비스업종의 기업 입장에서 6시그마 활동을 재정의하고, 이에 관한 전반적인 로드맵과 각 단계별 진행절차에 대해서 간단히 짚어 보고자 한다.

우선 6시그마 활동이란,

- 기업 내부의 모든 프로세스와 업무에서
- 경영 성과를 극대화하기 위하여
- 문제를 발생시키는 근본 원인들을 찾아
- 이를 제거하기 위한 개선활동을 전개하고
- 지속적인 성과가 유지되도록 관리하는 활동

이라 정의할 수 있으며, 이를 다시 각 활동 순서대로 구분한다면 Define, Measure, Analyze, Improve, Control 단계로 나눠질 수 있다.

이러한 DMAIC 프로세스는 기존 문제를 개선하고자 할 때 6시그마에서

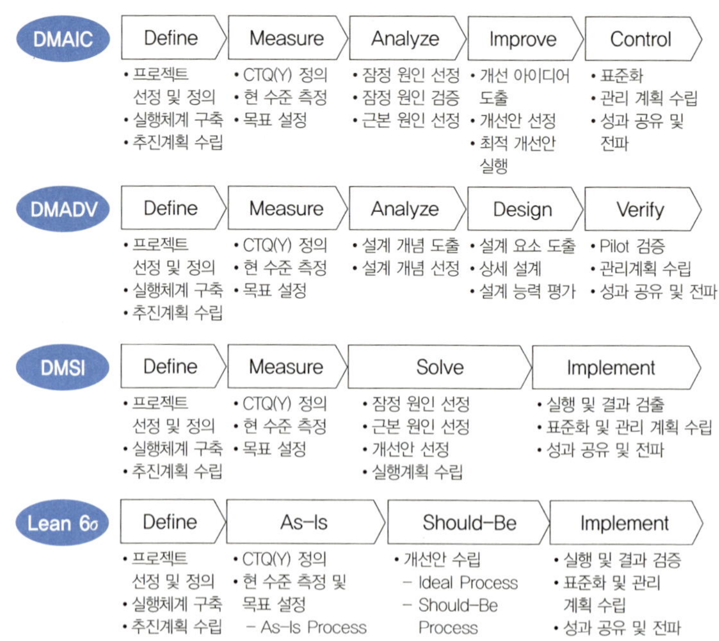

그림 1-1. LIG손해보험의 6시그마 주요 방법론

가장 보편화된 방법으로 사용된다.

다음 DFSS(Design for Six Sigma)에 해당되는 DMADV(Define, Measure, Analyze, Design, Verify) 방법론은 기존의 프로세스가 '한계능력(Entitlement)'에 도달하여 고객의 요구를 충족시키지 못함으로써 새로운 상품, 서비스, 프로세스의 개발이 필요한 경우에 사용한다. DMADV는 개발 단계에서부터 완벽하거나 완벽에 가까운 상품 또는, 서비스를 제공하는 것에 초점을 두고 있다. 제조업의 경우에는 새롭게 디자인된 상품이나 서비스의 최적화를 높이기 위해 Optimize 단계가 추가된 DMADOV 방식을 일반적으로 사용한다.

세 번째 문제해결 방법론인 DMSI는 Define, Measure, Solve, Implement의 약어로 우리 회사의 세일즈 및 마케팅 부문에서 손쉽게 활용할 수 있도록 DMAIC 단계를 보다 간소화한 형태로 변형한 문제해결 프로세스이며 이는 Tip 3에 소개된 내용을 참조하도록 하자.

마지막으로 린(Lean) 6시그마는 린 사상과 6시그마의 과학적 방법론을 결합해 업무 및 프로세스를 효율화하는 데 사용하는 문제해결 프로세스이다. 여기서 린 사상이란 군살 없이 근육질만으로 구성된 일본식 생산시스템의 의미로서 도요타 생산 방식을 이론화, 정형화한 것을 말하고 6시그마의 과학적 방법론이란 데이터를 근거로 한 다양한 통계적 분석 및 문제해결 툴(Tool)을 가리킨다. 이렇게 결합된 린 6시그마는 업무 프로세스 상의 낭비제거 및 리드타임(Lead time) 감소를 위한 목적으로 많이 활용되고 있다.

이밖에도 회사마다 그 업무 환경에 맞춰 변형한 여러 가지 6시그마 문제해결 프로세스가 존재하지만 어떠한 방법론이든 DMAIC 방법론만이라도 제대로 이해하고 있다면 프로젝트 특성에 적합한 다양한 형태로의 변형과 응용이 가능하다.

따라서, 다음 과정에서 DMAIC에 대한 단계별 주요 15개 스텝(Step)에 대한 기본적인 이해를 간단히 살펴본 뒤에 금융서비스업에 적용한 6시그마에 대한 Tip을 보도록 하자.

2. Define 단계

Define 단계는 프로젝트를 선정하고 개선기회와 기대효과를 점검함으로써 프로젝트 추진의 타당성을 검증하고, 이를 실행하기 위한 추진체계 및 추진일정 계획을 수립하는 단계로서 주요 활동에 따라 총 3개의 스텝(Step)으로 구성된다.

Step	내용	활용 Tool
D.1 프로젝트 선정 및 정의	• 프로젝트 선정 – BSC전개, Big Y–little y전개 등 방법을 사용하여 전략과 연계된 프로젝트를 선정함 • 프로젝트 정의 – 추진배경 : 프로젝트의 당위성과 문제를 기술함 – 개선기회 : 문제에 대한 구체적인 기술을 통하여 정의함 – 범위 : 프로젝트 규모 및 활용 가능한 자원에 범위를 설정함 – 기대효과 : 기대되는 예상효과를 산술함	• Historical Data 분석, SWOT • Historical Data 분석, Process Map, Logic Tree, QFD • MGP, Process Map, 5Why
D.2 실행체계 구축	• 팀 구성 : 프로젝트와 관련된 전문가로 팀을 구성하고 효율적인 지원체계를 구축함	
D.3 추진계획 수립	• 추진계획 : 시장환경과 자원을 고려하여 목표일정을 수립함 • 챔피언 보고 : 프로젝트 방향과 추진일정계획 보고	• Gantt Chart

그림 1–2. Define 단계

:: Step 1 프로젝트 선정 및 정의

6시그마 프로젝트는 경영목표와 연계될 수 있도록 BSC(Balanced Scorecard) 전개, Big Y–little y 전개, CTQ(Critical To Quality) Tree 전개, COPQ 전개 등 방법론을 사용하여 선정한다. 그리고 선정된 프로젝트의 당위성을 확보하기 위해 추진배경, 개선기회, 추진범위, 기대효과를 시장과 고객, 경쟁사 그리고 자사 관점에서 계량화된 지표를 비교하여 문제의 심각성과 중요성, 파급효과 등을 쉽게 이해하도록 기술해야 한다. 프로젝트의 최종 기대효과는 재무효과와 비재무효과로 구분하여 산출하며 외부 환경 변화의 영향을 최대한 배제한 직접적인 영향만을 과제의 효과로 인정하는 것을 기본 원칙으로 두어야 한다.

:: Step 2 실행체계 구축

프로젝트의 실행체계를 구축할 때는 선정된 프로젝트에 대해 경험이 있고, 추진범위 내에서 의사결정이 가능한 인원으로 팀을 구성해야 하며, 팀원 간 역할과 책임을 명확히 배분해야 한다. 이를 위해서는 팀원의 자격요건이 사전에 정의된 상태에서 팀이 구축돼야 하며 팀 구축 이후에도 내부적으로는 주기적인 커뮤니케이션 계획을 수립해 지속적인 의사교환이 이뤄질 수 있도록 해야 한다.

:: Step 3 추진계획 수립

프로젝트 종료 전까지 추진방향의 일관성을 유지하기 위해 추진배경, 개선기회, 범위, 효과, 팀 구성 및 역할과 책임, 추진일정 등 전반적인 사항을 팀 헌장 형태로 작성한다. 작성된 헌장을 해당 챔피언에게 보고함으로써 최종 의사결정을 받고 프로젝트를 본격적으로 수행하도록 한다.

3. Measure 단계

Measure 단계는 프로젝트를 가장 잘 대변할 수 있는 측정 가능한 지표인 CTQ(Y)를 선정하여 현재 수준을 파악하고 이에 달성해야 할 도전적 목표(Stretch Goal)를 설정하는 활동으로 구성되어 있다.

※ CTQ(Y)(Critical to Quality(Y))는 핵심품질특성을 나타내는 지표를 말하는 것으로 Project Y 라고도 한다.

Step	내용	Tool
M.1 CTQ(Y) 정의	• CTQ(Y) 선정 : 프로젝트를 대표할 수 있는 측정 지표 선정 • 운영 정의 : CTQ(Y)에 대해 같은 해석이 가능하도록 정의함	• Process Map, Logic Tree, QFD
M.2 현 수준 측정	• 데이터 수집 : 측정에 필요한 데이터를 체계적으로 수집함 • 현 수준 파악 : 평균과 산포의 관점에서 파악	• 설문조사, 현장실사 • 히스토그램, 정규성 검정, 수준 측정
M.3 목표 설정	• CTQ(Y) 목표 설정 : 벤치마킹을 통하여 파악한 경쟁사 수준 또는 업계 최고 수준을 목표로 설정 • 효과 산출 기준 정립 : 재무효과 및 비재무효과의 산출 기준을 정립 • 목표효과 산출 : 목표달성 시 예상성과를 산출	• Benchmarking

그림 1-3. Measure 단계

:: Step 4 CTQ(Y) 정의

CTQ(Y) 정의는 CTQ(Y) 선정과 운영 정의로 구성되어 있다. CTQ(Y)의 선정에서는 프로젝트의 결과를 최종적으로 측정할 수 있는 지표를 선정해야 하고, 운영 정의에는 데이터수집 및 측정에서 발생할 수 있는 혼란을 방지하기 위해 측정의 객관적 요건에 대해서 정의를 내려야 한다.

CTQ(Y)를 선정하거나 운영 정의를 할 때는 프로젝트에서 가장 중요한 특성을 고려해야 하고, 지표는 이해하기 쉬워야 하며 측정하는 데 필요한 데이터는 수집하기가 용이해야 한다. 너무 지나치게 많은 지표가 선정되지 말아야 하며 측정 시 신뢰성과 일관성이 유지되도록 해야 한다.

:: Step 5 현 수준 측정

현 수준을 측정하기 위해서는 필요한 데이터가 먼저 수집되어야 한다. 데이터를 수집할 때는 누가, 언제, 무엇을, 어떻게 수집할 것인지, 수집된 데이터를 어떻게 활용할 것인지를 정의해야 한다.

수집된 데이터를 기초로 현 수준을 파악할 때는 평균뿐만 아니라 산포(데이터 분포의 퍼짐 정도) 관점에서 동시에 파악해야 하는데, 이것은 프로세스의 성능을 어떻게 개선해야 하는지에 대한 중요한 포인트가 된다. 평균 수준은 일정한 관리 수준 범위에 있으나, 만일 산포의 범위가 매우 크다면 이상 범위에 있는 데이터를 중심으로 문제점과 원인을 찾아내야 한다.

:: Step 6 목표설정

목표를 설정할 때는 처음부터 달성 불가능한 목표를 설정하면 쉽게 포기할 수 있다. 이와는 반대로 달성 가능성만 고려하여 소극적인 목표를 설정한다면 충분한 동기부여가 되지 않을 수도 있다. 또한, 우리가 변화하는 동안 경쟁자들은 더 많은 변화를 하고 있을 수도 있다. 그러므로 목표를 설정할 때는 벤치마킹 등 조사를 통해 충분한 근거를 가지고 도전적이며 달성 가능한 구체적인 수준의 목표를 설정해야 한다. 또한 수립된 목표는 챔피언 및 팀원들과의 합의를 통해 이루도록 해야 한다.

4. Analyze 단계

Analyze 단계는 앞에서 선정된 CTQ(Y)에 영향을 주는 여러 가지 잠정 원인을 프로세스 분석을 통해 도출하고 이 잠정 원인들에 대한 가설 수립과 정성적 분석, 그래프 분석, 통계적 분석 등을 통해 근본 원인(Vital Few X's)을 규명하는 활동으로 구성되어 있다.

Step	내용	Tool
A.1 잠정 원인 선정	• 잠정 원인 도출 – CTQ(Y)에 대해 영향을 주리라고 예상이 되는 잠정 원인을 도출하여 정리함 • 잠정 원인 선정 – 프로세스와 관련된 사람의 의견을 반영하여 잠정 원인을 선정함	• Brainstorming, 5Why, MECE, Logic Tree, Fish-Bone Diagram, Process Map
A.2 잠정 원인 검증	• 가설설정 – 잠정 원인별 가설을 설정함 • 분석 계획 수립 – 인자별 데이터 수집 및 분석 방법을 정함 • 잠정 원인 검증 – 정성적, 그래프, 통계적 분석을 실시함	• 정성적 분석 – Benchmarking, 전문가 인터뷰, Process Map, EMEA 연관도, XY Matrix • 그래프 분석 – 히스토그램, 파레토 차트, 상자그림, 산점도 • 통계적 분석 – 정규성 검정, 두 집단의 비교(평균/산포), 세 집단 이상의 비교(평균), 빈도분석, 상관분석
A.3 근본 원인 설정	• 근본 원인 선정 – 검증 결과를 토대로 근본 원인을 선정함	

그림 1-4. Analyze 단계

:: Step 7 잠정 원인 선정

잠정 원인 선정은 CTQ(Y)에 영향을 줄 수 있는 가능성 있는 모든 원인들을 파악하여 나열하는 활동으로 Process Map, Logic Tree, Fish-Bone Diagram, Brainstorming, 5Why 등의 Tool을 이용하여 선정하게 된다. 만약 잠정 원인을 잘못 선정한다면, 근본 원인을 찾을 수 없게 되고 결국 제대로 된 개선안이 나올 수 없어 문제해결을 실패할 수 있기 때문에 잠정 원인을 선정하는 것은 매우 중요한 작업이다.

:: Step 8. 잠정 원인 검증

원인 검증은 나열된 잠정 원인들에 대해서 가설을 설정하고 이를 뒷받

침할 만한 데이터와 근거자료를 제시하거나 그래프 분석 또는 통계적인 분석을 통해 증명하는 활동이다.

가설이란, 데이터를 수집하기 이전에 두 개 이상의 변수 또는 현상 간의 관계를 서술한 하나의 문장으로 기술한 것을 말한다. 따라서, 가설 검증이 현상 간의 상관관계를 규명하는 것에서 머물러서는 안 되고, 인과관계를 규명하는 데 역점을 두어야 한다.

:: Step 9. 근본 원인 선정

객관적이고 논리적인 데이터 분석 결과로 얻어진 원인들을 나열하고, 이 가운데 상대적인 영향도를 고려하여 근본 원인을 선정한다. 이때 선정된 근본 원인들은 문제의 단순한 결과나 표면적인 증상들이 아닌, 영속적인 개선안을 내놓을 수 있는 핵심 원인들로 선정돼야 한다.

논리적, 분석적 접근이 부족해 근본 원인을 잘못 선정한다면 잘못된 판단을 하게 될 것이고, 결국 개선에 실패하게 된다. 무조건 다양하고 많은 Tool을 사용하여 분석하는 것이 중요한 것이 아니라 논리적이고 분석적으로 접근하여 근본 원인을 제대로 찾아내는 것이 중요하다고 할 수 있다.

5. Improve 단계

Improve 단계에서는 앞서 선정한 근본 원인을 중심으로 프로세스 개선 대상에 대한 개선안을 도출하고 실무적으로 가장 적절한 최적안을 선정하여 실행하며 그에 대한 효과를 검증하는 활동으로 구성되어 있다.

Step	내용	Tool
I.1 개선 아이디어 도출	• 근본 원인 특성 구분 – 대안, 제어 인자로 구분하여 아이디어 도출 전략을 작성 개선 아이디어 도출 – 인자 특성에 따라 대안 도출 또는 인자의 최적 수준을 결정함	• Brainstorming, Benchmarking(BP분석), Process Map, 실수방지, 친화도, KANO, 전략 Canvas, Triz
I.2 개선안 선정	• 개선 아이디어 평가 – 정량, 정성 평가를 통해 우선 순위, 최적 대안 선정 • 개선안 구체화 – 아이디어의 구체화 작업을 통해 최적 개선안 도출	• Pay-off Matrix, Pugh Matrix, Criteria Based Selection
I.3 최적 개선안 실행	• 실행계획 수립 – 개선안의 전면적인 적용, 시범 적용 여부를 판단하여 실행 계획을 수립 • 실행 – 수립된 실행계획에 따라 개선안 Pilot 실행 • 효과 검증 – CTQ(Y) 개선효과, 체질 개선 효과, 재무 효과 파악	• Gantt Chart, Risk Management • 설문조사, 가설검증(차이검증)

그림 1-5. Improve 단계

:: Step 10 개선 아이디어 도출

개선 아이디어 도출은 근본 원인에 대한 인자를 대안인자와 제어인자로 구분하여 인자 특성에 따라 최적 아이디어를 도출하는데 이때, 금융업이나 서비스업의 경우 대부분 대안인자에 해당되는 근본 원인들이 도출된다. 개선 아이디어를 도출할 때는 경쟁사 외부 벤치마킹 혹은, 내부 유사조직 벤치마킹, 브레인스토밍 등의 도구들이 일반적으로 많이 활용되고 있다. 또한 기존의 사고방식이나 논리적 사고보다는 다양한 관점, 인식, 개념에서 문제를 해결하는 시도가 많을수록 획기적이거나 창의적인 아이디어가 도출될 수 있다.

:: Step 11 개선안 선정

개선안 선정은 열거된 아이디어 가운데 성격에 따라 정성적 평가 혹은 정량적 평가를 통해 최적 개선안을 선정하고 이를 상세한 실행계획으로 구체화하는 활동이다. 정성적 평가는 해당 프로세스와 관련하여 전문가들로 구성된 그룹들과 개선안의 장단점 등을 고려하여 평가하며, 정량적 평가는 데이터 분석이나 실험계획법 등을 통해 평가한다. 평가 후 선정된 개선안은 실제로 수행할 수 있는 실행방안으로 구체화한다.

:: Step 12 최적 개선안 실행

최적 개선안 실행은 실행계획 수립, Pilot Test 및 실행, 효과 검증 순에 따라 활동한다. 실행계획 수립은 개선안의 위험성, 부작용, 적용대상, 시간계획, 자원을 적절히 고려하여 작성한다. 그러나 실행개선안이 위험성을 내포하고 있거나 실제 개선 여부가 불확실할 경우에는 모집단을 가장 잘 대표할 수 있는 실험대상을 선정하여 Pilot Test를 실시할 수 있다. Pilot Test 후 효과가 검증된다면 이에 대한 CTQ(Y) 지표의 개선 여부를 통계적으로 검증하고 그에 따른 기대효과도 함께 산출한다.

6. Control 단계

마지막 Control 단계는 앞의 단계에서 확인된 최선안의 개선결과가 잘 유지될 수 있도록 이를 표준화하고 이에 대한 관리계획을 수립하여 다른 유사 부문에서도 적용할 수 있고 전파될 수 있도록 공유한다.

:: Step 13 표준화

표준화는 누구라도 쉽게 업무에 활용할 수 있도록 프로세스의 절차와

Step	내용	Tool
C.1 표준화	• 문서화/매뉴얼화 – 업무에 활용할 수 있는 형태로 프로세스의 절차와 유의사항 등을 문서로 정리/공유 – 개선 프로세스의 지속적 준수를 위해 필요한 경우, 사내 업무 매뉴얼로 등록	
C.2 관리계획 수립	• 관리항목 도출 – 개선안, CTQ(Y), 추가 관리지표 등 사후관리 항목 도출 • 관리계획 수정 – 개선 프로세스 적용 시 발생할 수 있는 위험성 평가를 하고 그 결과가 반영된 관리계획 수립 – 관리도를 통해 정기적으로 모니터링 실시	• Risk Management, Stakeholder Analysis • 관리도 – X Bar-R Chart, I-MR Chart, P Chart, Zone Chart
C.3 성과 공유 및 전파	• 예상 성과 산출 – 개선 결과 1년간 예상 성과를 산출 • 완료 보고 및 공유 – 활동 내용 및 Best Practice 전파, 조직 내 공유	

그림 1-6. Control 단계

유의사항에 대해서 업무 매뉴얼 같은 문서 형태로 정리하는 것을 말한다. 만일 팀 활동으로 프로세스 개선이 되었더라도 '문서화, 업무 매뉴얼화'가 되어 있지 않으면, 현장 직원들은 바뀐 업무절차와 표준내용을 준수하지 못해 업무의 변화를 기대할 수 없고 이로 인해 개선활동의 성과를 지속적으로 유지시키기가 어렵다.

:: Step 14 관리계획 수립

관리계획은 6시그마 프로젝트 종료 후 지속적인 사후관리와 점검을 통해 성과를 향상시키고, '프로세스의 정형화 및 체질화'를 유도하기 위해 사후관리 계획을 수립하게 된다. 사후관리의 총체적인 책임은 해당 프로세스를 책임지는 PO(Process Owner)에게 있으며 세부 사후관리에 필요한 담당자들을 선임하고 역할과 책임을 부여해야 한다.

:: Step 15. 성과공유 및 전파

이상 프로젝트 수행을 통한 예상 성과를 파악하며 과제의 결과를 예측하고 해당 프로젝트 결과를 다른 부문이나 조직들에게 참조될 수 있도록 이를 공유한다. 예상 성과는 프로젝트로 인한 재무효과에서 투입된 자원에 대한 비용을 차감하여 산출하며 내부전파 및 공유는 프로젝트를 통해 축적된 경험과 Know-how를 유사한 조직에서 적극 활용할 수 있도록 문서화한다.

DFSS란?

DFSS(Design For Six Sigma)란 새로운 상품, 서비스, 프로세스 개발부터 6시그마의 일정한 수준을 확보하기 위한 문제해결 프로세스이다.

우리 회사에서는 전통적인 DFSS의 용어 및 세부 스텝을 금융서비스업에 적합하게 아래와 같이 Customizing하여 사용하고 있다.

Design For Six Sigma

Define	Measure	Analyze	Design	Verify
• 프로젝트 선정 및 정의 • 실행체계 구축 • 추진계획 수립	• CTQ(Y) 정의 • 현 수준 측정 • 목표 설정	• 설계 개념 도출 • 설계 개념 선정	• 설계 요소 도출 • 상세 설계 • 설계 능력 평가	• Pilot 검증 • 관리계획 수립 • 성과 공유 및 전파
산출물				
프로젝트 현장	CTQ	상위설계(High Level Design)	상세설계(Detail Design) 및 최적화/평가	Pilot 및 현장 적용

적용 Tool

• MGP(Multi Generation Plan)
• GANTT/PERT

• 고객조사
• QFD
• 벤치마킹

• EMEA/Mistake-proofing
• 프로세스 시뮬레이션
• 디자인 스코어카드

그림 1-7. DFSS 방법론

DFSS의 Define, Measure 단계는 기존 DMAIC 문제해결 프로세스와 동일하게 진행한다. Analyze 단계는 새로운 상품, 서비스, 프로세스 구상을 위해 여러 가지 개념을 끄집어내고, 그것들을 구체화하여 최적의 설계 개념을 선정한다.

그리고 Design 단계에서는 설계 시 검토해야 할 설계요소를 도출한 후 설계 개념에 맞는 상세 설계를 실시하고, 평가를 통해 설계 목표를 달성할 수 있는지를 검증한다.

마지막 Verify 단계에서는 Design 단계의 상세 설계 내용을 실제 환경과 같이 Pilot Test를 실시하여 최종 결과를 검증하고 관리계획을 수립하며 성과를 공유하고 전파하게 된다.

새로운 상품이나 프로세스를 만드는 경우에는 대부분 무에서 유를 만들어내는 경우가 많고, 일단 만들고 난 뒤 잘못된 점을 수정해 나가는 것이 일반적이다. 이렇게 되면 잦은 수정, 변경으로 인해 많은 비용이 발생된다. DMADV는 바로 이런 문제점을 해결하기 위해 만들어진 프로세스로 금융보험 분야의 6시그마 프로젝트에서 자주 사용되는 방법이다.

Chapter 2

6시그마 프로젝트를 시작하기 전에…

6시그마 프로젝트를 시작하기 전에 미리 갖추고 있어야 할 것들이 많다. 프로젝트를 이끌어 나갈 리더는 어떻게 선정해야 하며 6시그마를 도입하려 하지만 축적된 경험과 스킬은 부족하니 막상 어디서부터 손대야 할 것인가 등등…… 이와 관련해서 6시그마 교재에 나오지 않는 노하우 몇 가지를 소개하고자 한다.

Six Sigma

	Tip	내용
사람	• Tip 1. 프로젝트의 드라이버 – 리더	• 올바른 프로젝트 리더의 선정 • 열정적이고 성실한 Right People 육성
6시그마 지식	• Tip 2. 외부 전문가들에게 배워라	• 전문 컨설팅, 외부 MBB영입, 세미나, 연구회 활동 등
Tool	• Tip 3. 고유한 방법론을 활용하라 • Tip 4. 보고서는 커뮤니케이션의 수단이다	• 금융서비업 6시그마 방법론 소개 • 6시그마 보고서 작성 요령

TIP 01

프로젝트의 드라이버 – 리더

시중에 나와 있는 많은 6시그마 도서를 살펴보면 공통적으로 '6시그마 성공 요소'와 관련된 내용이 서술되어 있다. 조금씩은 다르지만 일반적으로 6시그마를 성공적으로 진행하기 위한 요소로 Right People, Right Project, Right Metrics, Right Roadmap, Right Tools 등을 들고 있으며 이 중 어느 하나 중요하지 않은 게 없지만 여기서는 6시그마 프로젝트 리더의 선정과 관련된 Right People의 중요성에 대해서 언급하고자 한다.

대부분의 기업에서 6시그마 프로젝트의 리더를 선정할 때 가장 우수한 인재를 선정한다고 하지만 실제 살펴보면 해당 업무의 담당자라는 이유로, 업무를 많이 안다는 이유로 프로젝트 리더를 선정하는 경우가 많을 것이다.

물론, 이런 선정 방법이 잘못된 것은 아니지만 선정된 프로젝트 리더가 해당 업무의 전문가임에도 평소 혁신활동에 대한 불만이 많은 사람이거나 해당 업무에 대한 고정관념 때문에 혁신을 해보겠다는 적극성이 부족

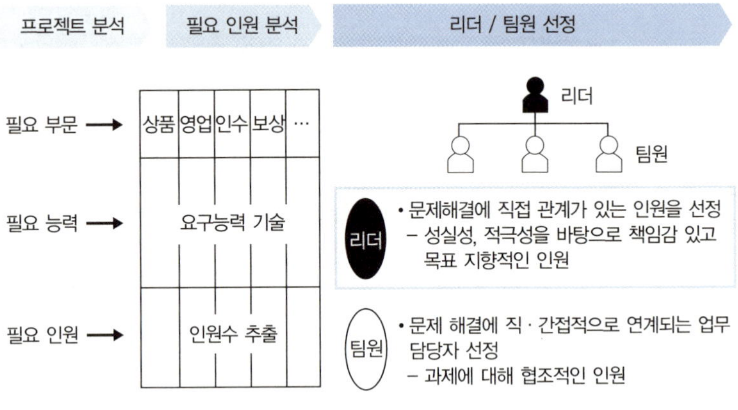

그림 2-1. 프로젝트 리더 선정

한 사람이라면 문제를 해결할 수 있는 적임자인지를 다시 생각해 보아야 한다.

〈사례 1〉

"업무를 모른다는 것 때문에 처음에는 좀 어려웠는데…"

지난 2006년 A과장은 새로운 업무를 담당하게 되면서 6시그마 프로젝트 리더로 선정되었다. "업무를 이해하지 못하는 상태에서 어떻게 혁신할 수 있을까"라고 많은 사람들이 걱정하였지만 결과는 그렇지 않았다.

처음 접해 보는 업무를 이해하기도 어려운데 개선까지 해야 된다는 부담감 때문에 프로젝트를 수행하는 동안 많은 스트레스를 받을 만한데도 A과장은 다른 프로젝트 리더와는 달리 근면하고 성실한 자세로 프로젝트를 진행하였고 끝까지 해보겠다는 적극성과 열정으로 문제를 해결했다.

이런 노력의 결과로 이 프로젝트는 그 해 수행했던 6시그마 프로젝트 중 최우수 프로젝트로 선정되었고 개선안과 효과 모두 회사 내에서 인정을 받았으며 A과장은 사내 우수 사원이 될 수 있었다.

최우수 프로젝트 수상 자리에서 A과장은 "업무를 모른다는 것 때문에 처음에는 좀 어려웠는데, 그게 반드시 단점만은 아니었습니다. 왜냐하면 업무에 대한 선입견이 없었기 때문에 어떤 시도를 하고자 할 때 안 될 것이다, 잘 될 수 있을까? 이런 생각을 할 수 없었습니다. 정해진 프로젝트 수행 기간 동안 성과를 내야 했기 때문에 일단 모든 면에서 시도를 해보았습니다. 결과적으로는 일부 시행착오로 인해 어려움도 있었지만 프로젝트 수행 결과에 대한 호응도와 실적을 보았을 때 지금 생각해도 고생이 헛되지 않았다는 생각이 듭니다"라고 소감을 이야기했다.

비록 새로운 업무를 맡은 지 얼마 되지 않아 6시그마 프로젝트를 수행하였지만 A과장의 성실성과 적극성을 바탕으로 성공한 좋은 사례이다.

〈사례 2〉

"신입사원이 과연 프로젝트를 제대로 수행할 수 있을까?"

이번에는 입사한 지 채 2개월이 되지 않은 B신입사원이 BB프로젝트 리더를 맡은 경우를 소개하고자 한다.

6시그마 프로젝트를 진행한 지 2년차 되는 시기였다. 어떤 부서에서 프로젝트는 선정이 되었지만 리더를 선정하지 못해 애를 쓰고 있을 때, 직접 부서장을 만나 대화를 나누면서 인력 부족으로 인해 정상적인 업무 수행에 많은 어려움이 있다는 이야기를 들었다. 사무국 입장에선 해당 업무에 경험이 풍부한 적임자로 6시그마 프로젝트 리더를 선정하고 싶었지만 프로젝트를 수행하는 부서장 입장에선 업무 여건상 해당 업무 담당자가 6시그마 프로젝트를 수행할 경우 업무 진행에 차질이 예상되어 이러지도 저러지도 못하는 상황이었다.

결국, 부서장이 내놓은 대안은 비록 입사한 지 2개월밖에 되지 않았지만 B사원이 프로젝트 리더를 맡고 프로젝트 리더가 갖추어야 할 리더십과 업무 경험은 부서장이 직접 참여하여 지원할 수 있도록 하겠다는 것이었다.

하지만 이러한 대안에도 불구하고, 과거에 신입사원이 BB프로젝트의 리더를 맡은 경우가 없었고 회사 내에서 신입사원에게 너무 어려운 과제를 맡긴다는 부정적인 시각의 견해가 많았다.

실제로 프로젝트의 Define 단계를 진행하면서 B사원의 업무 경험 부족으로 인해 프로세스 이해에 많은 시간이 소요되는 어려움이 있었다. 그런데 그 부서의 팀원들이 회의 때마다 참석하여 적극적으로 다양한 경험과 의견을 이야기하면서 도와주는 것이 아닌가? "이 프로젝트에 참여하는 팀원은 어떻게 모두 회의 때 빠지지도 않고 자기 일처럼 도와줄까? 이유가 무엇일까?"라는 생각이 들어 몇몇 팀원들에게 물어보았다. 대답은 한결 같았다. 선배인 나 자신도 부담되는 6시그마 프로젝트를 B사원이 성실하고 적극적인 자세로 임하는 모습을 보고 도와주어야겠다는 마음이 우러났다는 것이다.

필자는 이 프로젝트를 맡은 B사원을 블랙벨트 육성 과정 때부터 유심히 지켜보았다. 교육 중간 발표 때마다 프레젠테이션 모습을 보면서 신입사원이지만 여느 대리, 과장보다 낫다는 생각이 들었었다.

이 프로젝트의 Define 단계 챔피언 보고를 준비하면서 있었던 일이다. B사원은 신입사원답게 문제점을 쉽게 설명하기 위해 애니메이션을 만들어 보겠다는 안을 내놓았다. 프로젝트를 지도하는 MBB 입장에선 부가적인 일이 될 수도 있을 것 같아 말리고 싶었지만 B사원은 도깨비 방망이라도 가지고 있는 듯 애니메이션을 뚝딱 만들어 왔다. 애니메이션 만드는데 비용이 든 것 같아 물어보니 아는 선배를 통해 밥을 사주고 만들었다는 것이다. 정말 성실하고 적극적인 자세에 감동을 받았다. 이런 노력으로 Define 단계 챔피언 보고는 성공적으로 진행되었다. 보고를 마친 후 챔피언은 프로젝트 목표를 달성할 수 있도록 적극 지원하라고 지시하였고 프로젝트가 완료될 때까지 주기적으로 실적보고를 받았다. 그리고 이 프로젝트의 주관 부서장은 직접 리스트를 만들어 하나하나 챙기기 시작했다.

결국, 챔피언의 관심과 프로젝트 리더, 워크 그룹의 노력으로 이 프로젝트는 사내 경진대회에서 우수상을 수상했고, "신입사원이 과연 프로젝트를 제대로 수행할 수 있을까?" 하는 주변의 우려는 기우가 되었다.

B사원에게 6시그마 프로젝트를 수행하면서 느낀 점이 무엇이냐고 물어보았다. "저는 6시그마 문제해결 방법을 배운 점도 좋았지만, 주변에서 내 일처럼 도와주신 분들에 대해 고마움을 많이 느꼈습니다"라고 대답했다. B사원이 많은 도움을 받을 수 있었던 것은 결국 자기 자신의 노력에 대한 결과였을 것이다.

과거에 수행했던 프로젝트 중에는 이처럼 잘 된 경우도 있지만 기대했던 성과를 내지 못했던 프로젝트도 많다. 이런 경우 리더들에게 물어 보면 "업무가 너무 바빠 프로젝트를 진행할 시간적 여유가 없었다", "주변의 관심과 지원이 없었다", "팀원이 도와주지 않는다" 등 다양한 어려움을 이야기한다. 그런데 이런 문제가 유독 미진한 프로젝트에만 있는 것일까? 그렇지 않다. 이런 문제는 다른 프로젝트에서도 경험할 수 있는 일반적인 문제다. 성실하고 열정적인 리더는 이런 어려움에도 불구하고 바쁜 업무시간을 쪼개어서 프로젝트를 수행하고 문제를 이슈화하면서 주변의 관심과 지원을 받으며 팀원들로부터 자발적으로 도움을 이끌어낸다.

회사에서 Right People은 '성실하고 실행력이 강하면서 전문 역량을 갖춘 인재, 강한 열정으로 목표에 도전해 탁월한 성과를 창출하는 인재' 이다.

6시그마는 프로젝트 수행도 중요하지만 이런 Right People을 찾아내고 전사적인 관점을 가진 혁신 리더를 육성하는 데 큰 의의가 있다고 하겠다.

혁신사무국에 한마디

성실하고 열정적인 Right People을 찾아내 프로젝트 리더로 선정하고 혁신 리더로 육성하라.

: TIP 02

외부 전문가들에게 배워라

외부 전문가들로부터 혁신을 배워야 하는 이유는 단순한 6시그마식 문제해결 기법에 대한 스킬과 툴을 배우기 위해서만은 아니다. 기업의 고질적인 내부의 문제를 객관적으로 파악하고 이에 대한 대안으로 혁신 방향과 전략을 수립하는 데 많은 도움을 받을 수 있다는 점 때문이다. 과거 많은 기업들은 나름대로의 혁신기법을 자체적으로 개발하여 전개해 왔으나, 대부분 경험이 부족한 상태에서 체계적이지 못한 채 의욕만 가지고 혁신 프로그램을 도입하다 보니 조그만 난관에도 중도에 포기하는 경우가 종종 발생한다.

실제 우리 회사의 경우에도 아주 오래 전에 혁신 프로그램을 자체 개발하여 추진했으나 경험이 부족해 혁신에 대한 현장의 반발과 피로감에 적절한 대응을 하지 못해 중도에 흐지부지된 경우가 있었다.

그래서 지난 2003년, 다시 의욕을 가지고 혁신 프로그램을 도입했다. 하지만 현장의 분위기는 "또 혁신이야?" 혹은 "앞으로 3년을 못 가겠지"

등의 냉소적 분위기가 팽배했었다. 이에 회사에서 가장 먼저 시작한 일이 외부 컨설팅업체를 통해 내부 문제점을 객관적 시각에서 정확히 진단하는 일부터 진행했다. 이때 시장, 고객, 주주 등의 관점에서 회사에 대해 내려진 냉혹한 평가 결과는 임직원들에게 적지 않은 충격이었지만 이를 통해 내부 혁신에 대한 필요성을 강하고 어필했고 체계적인 혁신 전략과 로드맵을 수립하는 데 중요한 계기가 되었다.

외부 전문가들로부터 6시그마 및 혁신기법을 배우는 방법으로는 컨설팅업체 용역 의뢰, 타 기업체 6시그마 경력 직원 채용, 기타 각종 컨퍼런스 참가 및 연구회 활동을 통한 정보 교류 등으로 나눌 수 있다. 만일 6시그마 도입 초기나 도입을 고려 중에 있다면 전문컨설팅을 우선적으로 권장한다. 외부 컨설팅의 이점으로는 앞의 사례와 같이 객관적 시각에서 진단하는 것 외에도 단기간 안에 혁신전략 수립 및 혁신 프로그램을 안착시켜 나가는 데 이들의 풍부한 경험과 노하우를 전수받을 수 있어 매우 유용하다. 뿐만 아니라, 대형 컨설팅업체일 경우 유사 업종의 경쟁사 벤치마킹이나 선진 기업들에 대한 트렌드(trend)를 파악할 수도 있다.

하지만 컨설팅업체로부터의 용역을 제공받는 것에 장점은 많지만 그에 대한 비용이 부담스러울 수 있다. 혁신 프로그램을 도입한 지 1~2년 되었더라도 독자적으로 수행하기에는 여전히 경험이 부족해 불안한 상태이고 매년 수 억원의 컨설팅 예산을 따내는 일 또한 사무국 입장에서는 만만치 않은 일이다.

이러한 경우, 타 기업체 혹은 컨설팅사에서 6시그마 경력자를 아예 채용하는 방법도 고려해 볼 만하다. 기왕이면 동종 업체의 6시그마 경력자를 채용한다면 좋겠지만 타 업종 기업체의 6시그마 경력자라도 상관없다.

우리 회사의 경우에도 금융업 회사이지만 6시그마 경험이 풍부한 L전자 회사의 MBB를 다수 영입하여 벨트 교육 및 프로젝트 멘토링을 진행하고 있다. 비록 업종은 다르지만 이들의 노련한 경험에 의해서 서로 간 기업문화의 차이를 비교함으로써 기존의 고착화된 기업문화에 신선한 바람을 불어넣기도 한다. 요즘과 같이 환경이 급변하는 시기에는 기업 내부에 색다른 문화를 혼합하여 약간의 자극을 주는 것도 바람직한 일이다.

6시그마가 기존 다른 혁신 기법에 비해 특별히 가지고 있는 매력 가운데 하나는 6시그마 스킬과 툴들이 계속 진화하는 데 있다. 불량품 개선과 같은 품질관리 중심의 스킬에서 현재에는 금융, 서비스 등 비제조업에서 적용 가능한 여러 가지 문제해결 기법들이 다양한 형태로 접목되고 있으며, 이에 맞춰 기업체 혁신전략과 로드맵 전개 방식도 기업 특성에 따라 꾸준히 바뀌고 있는 중이다.

이러한 혁신 트렌드에 대한 정보 파악은 혁신전략을 지속적으로 발전시키는 데 매우 중요하다. 앞서 6시그마를 도입했던 선진 기업들의 고민을 미리 간접경험할 수도 있으며 그에 대한 해결책과 대안을 사전에 수립해 적절히 대응할 수 있기 때문이다.

우리 회사의 경우 혁신 트렌드에 대한 정보를 꾸준히 파악하기 위해서 6시그마 관련 협회나 유명 컨설팅사들에서 주관하는 컨퍼런스를 정기적으로 참가하고 있고 이들 업체의 정기 간행물 및 뉴스레터 등을 정기 구독하고 있으며 유사업체들뿐 아니라 지역 내 6시그마 정기 모임 교류, 회사 내 6시그마 연구회 등을 운영하고 있다. 이밖에도 인터넷 지식사이트나 책 맨 뒤쪽에 있는 6시그마 관련 사이트 등을 조회해 혁신과 관련된 트렌드를 수시로 파악할 수 있다. (단, 해당 사이트가 6시그마에 관한 지식과 정보를 대표

한다고 볼 수는 없으며 이외에 개인 블로그 등을 통해 유익한 정보를 다루고 있는 사이트도 많이 있음.)

마지막으로 주의할 점은 기업혁신에 대한 열쇠는 Tip 1에서 언급된 바와 같이 외부인이 아닌 각 현장의 프로젝트 리더의 역량에 달려 있다는 점이다. 외부인에게 배우라고 해서 이들에게 답을 요구하라는 것이 아니라, 자신의 부족한 빈 곳을 채울 수 있는 아이디어를 이들의 경험을 통해서 적극적으로 찾아보는 기회를 잡으라는 의미이다.

혁신사무국에 한마디

- 외부의 시각에서 기업을 객관적으로 평가하여 혁신의 대의명분을 확보하라.
- 선진 우수기업들의 혁신 전문 지식 및 노하우를 적극 습득하라.

: TIP 03

고유한 방법론을 활용하라

제조업의 품질향상을 위해 도입된 6시그마는 이제 품질혁신뿐만 아니라 고객만족경영, 비용절감 및 수익성 향상까지 그 범위를 확대하며 가장 대중적인 경영혁신 방법론으로 자리 잡아 가고 있다. 적용 업종도 제조업 생산에 국한되지 않고 연구 개발을 넘어 서비스, 금융 영역에 이르기까지 6시그마의 전파 영역은 지금까지 나왔던 그 어떠한 경영혁신 방법론보다 광범위하다.

그 이유는 DMAIC(Define-Measure-Analyze-Improve-Control)라는 독특한 방법론을 제시하여 기존의 문제해결 기법과 달리 다양한 Tool을 제공하고 어떻게 문제를 해결해야 하는지 구체적으로 제시해 주고 있는 6시그마 특징 때문일 것이다. 그럼에도 불구하고 6시그마를 도입한 많은 기업들이 정착에 어려움을 겪고 있으며 실제 과제를 진행한 일부 과제 리더들은 6시그마에 대해 불만의 목소리를 내고 있는 것도 사실이다. 특히, 영업 부문의 과제를 진행했던 리더들에게서 이러한 목소리가 많이 들린다.

"도대체 이유가 무엇인가?"

6시그마 사무국은 고민하기 시작했다. 하지만 과제 리더들의 이야기는 명확하다. 영업 현실과 방법론적으로 괴리감을 느끼고 있다는 것이다. 큰일이 아닐 수 없다. 방법론이 현실과 맞지 않음에도 불구하고 그대로 적용하라고 한다면 억지로 그 방법에 맞게 고치느라 시간을 낭비하게 되고 이를 통해 나오는 성과도 미미하게 된다. 또한 무리하게 방법론에 맞추다 보면 불필요한 보고서 양산이 이루어져 혁신활동이 곧 보고서 꾸미기 정도로 인식될 수 있는 크나큰 위험 요인이 발생할 수도 있다. 혁신활동에 친화적인 구성원 한 명 한 명이 아쉬운 때에 반감을 가진 혁신활동 기경험자의 등장은 혁신을 추진하고 있는 6시그마 사무국으로서는 난감한 처지에 놓이지 않을 수 없다.

이에 6시그마 사무국은 무엇이 문제인지 파악하기 시작했다.

첫째, 문제점을 분석하는 데 너무 많은 시간을 소요한다는 점이다. 물론 6시그마의 근본 취지는 근본 원인이 무엇인지 찾는 것이라 분석 단계를 소홀히 할 수 없는 것은 당연하다. 하지만 스피드가 생명인 현장에서는 분석에 소요되는 시간이 아까울 수밖에 없다. 그 시간에 발로 뛰면서 해결하는 습관이 강한 영업 현장 부서의 경우는 더욱 그렇다.

둘째, 함께 하는 맛이 사라졌다는 점이다. 우리 회사에서는 6시그마를 도입하기 이전에 EVC(Enterprise Value Creation)라는 혁신활동을 자체적으로 해오고 있었다. EVC 방법론에는 '여는 모임과 닫는 모임'을 운영하면서 GE의 Town Meeting을 벤치마킹한 Consensus Meeting을 절차상의 방법론으로 넣었다. 문제가 무엇인지 그리고 대안은 무엇인지 파악하는 과

 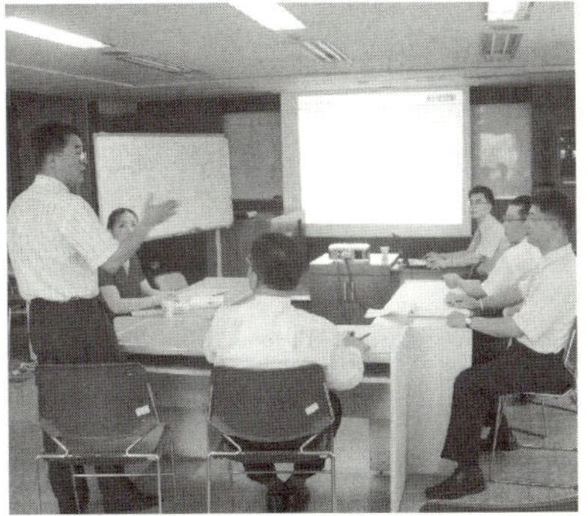

그림 2-2. Consensus Meeting

정에서 현장 일선에서 직접 발로 뛰는 총무, 육성 담당자 등의 생생한 목소리를 담을 수 있었다. 지금까지는 6시그마의 각 단계에 강제화되지 않고 분석방법이 통계적으로 치우치다 보니 점차 과제 리더 독자적으로 진행하는 경향이 나타났고 Work Group과 함께 하는 모습이 많이 약해진 것이 사실이었다.

셋째, 열심히 해서 낸 개선안이 과제가 끝나면 자꾸 사라진다는 것이다. Best Practice가 돼도 그것이 전 영업 현장에 적용되기보다는 일회성으로 끝나게 된다는 것이다. 이러한 것이 반복되면 과제를 진행하는 과제 리더는 자신이 만든 Best Practice에 대한 애착이 사라지고 과제 기간만 어떻게 넘기면 된다는 안이한 생각마저 할 수도 있는 것이다. 이는 과제를 추진하는 사무국과 영업 정책을 정하는 스태프(Staff)부서와의 협업(Co-work) 부족과 함께 다른 사람이 낸 개선안을 인정하고 벤치마킹하고 받아들이는 것에 대해 부끄럽게 생각하는 조직문화에 의한 문제로 파악되었다.

이 때문에 우리 회사에서는 빠르고 쉽게 실행할 수 있도록 스피드한 실행방법론, Consensus Meeting을 활용한 실행력 강화 그리고 Best

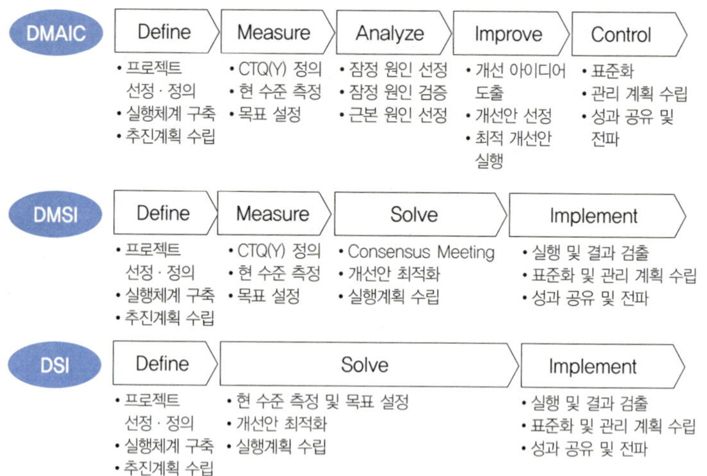

그림 2-3. DMAIC, D(M)SI 비교

Practice의 확산을 위해 기존의 DMAIC 방법론 대신 영업 현장을 위한 DMSI라는 새로운 Step을 만들게 되었다. DMSI에 대해서 자세히 살펴보자.

DMSI단계는 기존 DMAIC와 동일하나 A단계와 I단계의 개선안 수립 범위를 합쳐서 Solve(해결) 단계로, 나머지 I단계와 Control 단계를 통합하여 Implement(실행) 단계로 구성하고 있다. 여기에서는 단순히 형식적 단계의 통합뿐만 아니라, 이미 자사에 좋은 방법론으로 자리 잡은 Consensus Meeting을 재도입, 적극 활용하였다. Consensus Meeting을 통해 원인과 개선 아이디어를 도출하는 데 있어 현장의 목소리를 더욱더 적극적으로 반영할 수 있었다.

이는 특히, 개선안을 직접 실행할 현장 인력이 스스로 낸 개선 아이디어를 적극 반영하도록 함으로써 업무의 Ownership 부여를 통한 실행력 향상에도 많은 도움이 될 수 있었다. 뿐만 아니라 개선안 선정과 실행 사이를 분리해 놓음으로써 Tollgate Review 시 Sponsor가 개선안 선정에 대한 의사결정을 할 수 있도록 하여 개선안의 실행력을 담보할 수 있는 점이 특징이라 할 수 있다.

마지막으로는 DSI 방법론은 프로젝트 CTQ(Y)와 사업계획 상에서 KPI가 일치할 뿐만 아니라 현 수준과 목표 수준까지 구체적으로 명시되어 있는 경우 Measure 단계는 과감히 생략하고, Solve 단계를 바로 진행하도록 하는 방법론이다. 이 DSI 방법론은 일선 영업 조직과 같이 비교적 업무 미션이나 성과지표가 간단하고 명료한 소규모의 실행 조직에 적용하기가 적합하다. 또한 Solve 단계로 신속히 진입함으로써 현장의 실행력과 프로젝트 효과를 배가시킬 수 있는 장점이 있다.

이러한 다양한 방법론 적용에도 불구하고 사실 영업 현장에서 6시그마 전파는 쉽지 않다. 이것은 금융보험업은 물론 제조업 영업에 있어서도 마찬가지다. 영업은 프로세스에 의한 진행이라기보다 Art라는 생각을 많이 갖고 있기 때문일 수도 있다. 수많은 영업 현장 프로그램의 상향 표준화를 하기 위해 많은 노력을 기울였음에도 성과가 미미하고 또 성과가 나왔다 하더라도 지속적으로 그 효과를 볼 수 없었기 때문이다. 지속적으로 효과가 나오지 않았다는 것은 지속적으로 개선안을 실행하기 힘들었기 때문이라고도 볼 수 있다.

"왜 지속적으로 실행하기 힘들까?"

그 이유는 명확하다. 쉽지 않기 때문이다. 그렇다면 6시그마 사무국에서는 방법론을 보다 쉽고 빠르게 실행할 수 있도록 해야 할 것이다. 그러한 방법으로 사내 벤치마킹을 적극 도입해야 한다. 과제 리더가 쉽게 벤치마킹할 개선안을 찾을 수 있어야 한다. 그래서 필자는 처음 Solve단계에서 사내 벤치마킹을 Step으로 넣는 것을 제안한다. 지금까지 도출된 개선안을 6시그마 포털에 각 영업 프로세스별로 찾기 쉽게 배열해 놓고, 과제 리더가 고민하는 영역을 클릭하면 참고할 수 있는 개선안을 한 눈에 알아볼 수 있게 하는 것이다. 마치 TRIZ에서 해당되는 모순점을 찾으면 해결 아이디어를 제공하는 것처럼. 또 앞에서 언급한 DSI 단계로 운영하는 것도 괜찮다. 단계가 줄어드는 것에 대한 현업에서 느끼는 체감 효과는 상당하다. 우리는 이미 DMAIC를 DMSI로 적용하여 긍정적인 효과를 보았다.

6시그마 방법론의 효용성에 대해 여러 가지 이야기가 많은 것도 사실이다. 어떤 이는 제조업과 서비스업은 6시그마 적용이 완전히 다르다고 주장하고 또 어떤 이는 제조업과 서비스업의 6시그마 적용이 뭐가 다르냐고 반문한다. 어떤 관점이든 다 맞는 말이라고 생각한다. 분명히 현물의 재고가 존재하는 제조업과 상품의 소비와 생산이 동시에 이뤄지는 금융서비스업은 세세한 면으로 파고 들어가면 여러 가지 다른 점이 있다. 하지만 고객에게 가치를 제공하고 이를 통해 이윤을 창출하는 기업의 목적은 동일할 것이다. 혁신활동도 마찬가지다. 변화하지 않는다면 생존할 수 없는 것, 지금 하고 있는 프로세스가 최선의 프로세스는 아닐 것이라는 생각, 무언가 낭비적인 것이 있고 개선해야 할 것이 분명히 있다는 혁신활동의 목적을 잊지 않는다면, 6시그마 DMAIC가 그리 중요하겠는가? 과제에 적당한 Tool을 활용하고 자사에 적용할 수 있는 고유한 방법론을 유연하게 적용한다면 보다 진보적이고 빠른 경영혁신을 이뤄낼 수 있을 것이다.

혁신사무국에 한마디

방법론을 유연하게 적용하되 자사에 적합한 방법론을 개발하라.

: TIP 04

보고서는 커뮤니케이션의 수단이다

프로젝트 리더들이 6시그마 단계별 Tollgate Review나 발표회를 앞두고 보고서 작성 요령과 적정한 분량에 대해 고민하는 경우를 종종 볼 수 있다. 평소 파워포인트를 다루어 본 경험이 없거나 다른 프로젝트 장표의 화려한 기교나 엄청난 분량을 보면서 지레 겁먹는 리더들도 있다.

뿐만 아니라, 연도 말 6시그마 최종 보고회 및 평가 시상을 지켜본 이들은 행사 후 "보고서 위주의 행사 아니냐?" 심지어는 "이렇게 보고서를 잘 만들었는데 왜 대상을 안 주느냐?" 등의 항의를 하기도 한다. 발표회에서는 프로젝트 결과에 대한 Best Practice 개선안을 확산 및 공유하는 자리임에도 불구하고 행사 후 많은 사람들은 보고자의 언변이나 보고서의 화려함만 기억하고 있었고 또한 발표회뿐 아니라 다른 중간 보고회나 각종 워크그룹 협조회의 등에서도 마찬가지이고 보면 결국 6시그마 관련의 많은 행사들이 일방적이고 형식적이라는 지적을 많이 받을 수밖에 없다는 생각이 든다. 때문에 보고회를 앞두고 각 프로젝트 리더들에게 "발표 장표를 15장 이내로 제한한다"라는 지침까지도 하달했으나 리더들은 프로젝트에 쏟는 노력과 과정에 대한 표현이 축소된다는 이유로 제대로 지키지 않아 별 소용이 없었다. 보고서 분량이 많다고 해서 이것을 직접적으로 나무랄 수야 없지만 보고 시간이 길어지면 참석자들 대부분이 각 프로젝트의 핵심에 대한 이해와 집중력을 잃게 된다. 그러다 보면 발표자는 참석자들의 관심을 유도하기 위해 화려한 색칠과 애니메이션으로 보고서를 치장하게 되고 이렇게 준비된 6시그마 발표회는 화려한 발표 기술의 각축장이 되고 만다. 결국 형식에 치우친 보고 대회는 보고자 입장에서는 불필요한 보고서 작업 낭비에 해당되고, 참석자의 소중한 시간을 빼앗는 의미 없는 행사가 될 수밖에 없다.

이러한 문제를 해결하기 위해서는 프로젝트 리더들의 보고서 작성에 대한 관점부터 바뀌어야 한다. 프로젝트 리더가 일반적으로 6시그마 과정에 충실히 이행했는가에 역점을 두고 보고서를 작성하는 경우가 많은데 보고서 작성에 앞서, 보고 대상은 누구이며 보고의 목적이 무엇인가를 점검하고 이에 충실한 보고서가 작성되도록 해야 한다.

보고 대상으로는 MBB, 챔피언, 현장 워크그룹, 각종 발표회 등이 있으며 보고 목적은 프로젝트과정 점검, 의사결정, 분임토의, 우수사례 공유 등으로 나눌 수 있는데 이러한 목적들은 궁극적으로 프로젝트의 이해관계자들과 원활한 커뮤니케이션을 확보하여 프로젝트의 추진력을 높이는 데 있는 만큼 해당 목적에 부합한 보고서가 작성될 수 있도록 프로젝트 리더의 지원이 요구된다.

먼저 6시그마 보고서에는 프로젝트의 모든 과정을 담은 기초 보고서가 있다. 이 기초 보고서는 6시그마 과정에 충실하도록 MBB가 이를 점검하는 목적으로 작성되는데, 여기에는 프로젝트 전반에 대해서 6시그마의 단계별, 스텝별 순서에 맞추어 모든 내용이 빠짐없이 기재되어야 한다. 단 분량이 많은 데이터나 통계검증 자료는 별도의 파일로 보관하되 파일명을 명시하도록 한다. 하지만 이 보고서는 프로젝트에 대한 과정 점검이 주된 목적이므로 보고서를 치장하는 데 불필요하게 아까운 시간을 낭비하지 않도록 해야 한다.

챔피언을 위한 보고서는 앞의 기초 보고서를 토대로 작성하되 프로젝트 과정관리에 관한 내용보다는 주요 단계별 점검 결과, 의사결정에 관한 이슈, 기타 장애물 제거에 관한 지원 사항 등을 중심으로 보고서를 구성하는 것이 좋다. 프로젝트과정 관리에 관한 내용으로는 데이터수집 계획, 측정시스템 점검, 분석계획, 통계분석 Tool 등을 예로 들 수 있는데 이것들은 해당 MBB와 PO정도까지만 점검하는 데에서 끝나는 것이 바람직하다. 우리 회사의 경우 6시그마 도입 초기에는 챔피언들도 과정관리가 충실히 이행되는지 점검하는 차원에서 모든 내용을 빠짐없이 보고했으나, 최근에는 6시그마 보고에 점차 익숙해지다 보니 과정관리보다는 프로젝트의 선정 및 이슈, 근본문제의 결론(Why so?), 실행개선안(So What?), 의사결정 등 각 6시그마의 각 단계별 핵심사항을 중심으로 보고하는 경향이 높아지고 있다.

다음으로 현장 워크그룹들과 문제분석, 개선 아이디어 발굴 등을 목적으로 브레인스토밍 회의를 하는 경우가 있다. 그러나 이런 자리에서조차 6시그마 기초보고서를 처음부터 끝까지 낭독하는 리더들을 간혹 볼 수 있는데, 회의 목적과 직접적으로 관계된 내용만 아젠다(Agenda) 형태로 구성하여 토의에 보다 집중하도록 유도하는 것이 바람직하다.

마지막으로 발표회 보고서의 작성 목적은 Best Practice 사례를 기업 내 다수들에게 공유하고 전파하기 위해서다. 그런데 막상 발표회를 진행하다 보면 우수 사례 전파라기보다는 6시그마 스킬 경진대회에 가깝다고 할 수 있다. 이는 한 부문을 대표해서 참가한 프로젝트 리더들이 그동안 공부한 6시그마 스킬과 정성들인 많은 작업의 결과물을 나타내 보이려는 경향이 있기 때문이다. 예를 들면 빼곡한 글씨로 가득 채워져 있어 제대로 알아볼 수 없는 QFD나 특성요인도, 모든 가설에 대한 통계적 검증, 기타 각종 설계도 매트릭스 등으로 사소한 것 하나라도 빠뜨리지 않고 발표하려고 한다.

프로젝트 리더들은 다수의 참석자들이 해당 프로젝트의 본질을 제대로 이해하고, 이를 유사한 분야에서 응용하는 데 도움이 될 만한 정보를 제공할 수 있도록 보고서를 작성해야 한다. 따라서 6시그마 단계와 스텝에 얼마나 충실하게 진행했느냐보다는 개선안 가운데 어떤 것이 가장 큰 효과를 거두었는가에 무게를 두고 프로젝트를 소개하는 것이 발표회 참석자들에게 6시그마의 더 중요한 의미를 알려 줄 수 있는 계기가 될 수 있을 것이다.

또한, 보고회의 형태와 목적에 맞는 적절한 보고서 작성에는 비단 리더뿐만 아니라 사무국이나 MBB의 역할도 매우 중요하다. 보고서 작성에 관한 요령이나 지침은 벨트 교육이나 초기 프로젝트 진행 시부터 적절하게 이루어져야 한다. 혁신 사무국에서는 미리 표준화된 보고 양식을 배포해 프로젝트 리더들이 보고서 작성 시, 애니메이션이나 색칠에 고민하는 등 불필요한 작업에 시간을 낭비하지 않도록 해야 한다.

실제 우리 회사의 경우, 지난 발표회에서부터 〈그림 2-4〉와 같이 모든 프로젝트 리더들이 표준화된 양식으로 작성해 보고하게 했다. 그 결과 리

Ⅰ. Define 단계

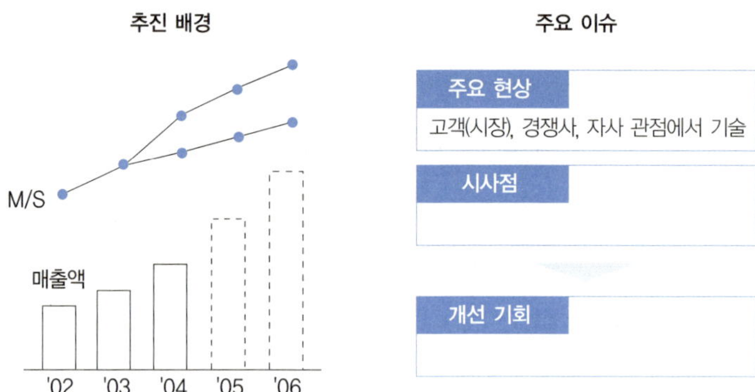

Ⅱ. Measure 단계

CTQ(Y)	운영정의	산출식

CTQ(Y)	단위	현수준		목표		목표설정 근거
		수준	기간	수준	기간	
						예)경쟁사, 자사Best 수준 과거 6개월 추세 시장 전망, 법규 등

Ⅲ. Analyze 단계

CTQ(Y)	근본 원인	분석 결과(시사점)	개선방향	비고

Ⅳ. Improve 단계

CTQ(Y)	근본 원인	개선안	계획 일정	완료 유무	비고

Ⅴ. Control 단계

CTQ(Y)		현 수준	목표	CTQ(Y) 실적 현황							
	단위			10월	11월	12월	1월	2월	3월	목표 달성률	지표 개선율
주요 이슈사항											
추가 원인 파악 및 보완 사항											

별첨#1. 우수 개선안 상세

개선안			
개요	실행 효과가 가장 높았던 개선안 1~2개 소개	담당자	
		기대효과 예상 Risk	
유관부서		실행 일정	

별첨#1. 기대효과

예상 재무효과			체질 개선효과
항목		선정기준(산출식)	
수익증대 효과 (A)			
비용절감 효과 (B)			
실행비용 (C)			
역효과 (D)			
과제효과 (E)	E=A+B-C-D		

그림 2-4. 6시그마 발표회 표준 보고서

더 입장에서 보고서 작성 시간의 낭비가 줄었을 뿐만 아니라, 발표의 부담감을 줄일 수 있었으며 참석자들은 각 프로젝트마다 주요 핵심을 잘 파악할 수 있었고 사무국에서는 정해진 시간 안에 행사를 원활하게 진행시킬 수 있었다.

프로젝트 리더에게 한마디

보고서 작성은 6시그마 스킬을 자랑하기 위한 것이 아니라 상대방과 대화하기 위한 일종의 커뮤니케이션 수단이다.

혁신사무국에 한마디

보고서를 보고 형식과 목적에 맞게 표준화하라.

Chapter 3

무엇을 할 것인가? (Define)

6시그마 웨이브가 시작될 때마다 프로젝트의 테마를 발굴하는 것은 여간 골치 아픈 일이 아닐 수 없다. 해당 본부나 부문에서는 대충 생색낼 만한 거리(?)를 찾아 제출하려 하고, 말도 안 되는 프로젝트를 접수받은 사무국에서는 이를 바로잡기 위해서 서로 간에 신경전을 벌이게 된다.

"매년 이런 모습이 반복되는데 어떻게 해소할 수 없을까?"

Six Sigma

Define > Measure > Analyze > Improve > Control

Step	Tip	내용
D.1 프로젝트 선정 및 정의	• Tip 5. 프로젝트 선정은 사업계획에서 • Tip 6. 가치와 목적을 분명히 하라 • Tip 7. Big Y 현상분석을 통해 개선기회를 찾아라	• 프로젝트 선정 – BSC전개, Big Y-little y전개 등 방법을 사용하여 전략과 연계된 프로젝트를 선정함 • 프로젝트 정의 – 추진배경 : 프로젝트의 당위성과 문제를 기술함 – 개선기회 : 문제에 대한 구체적인 기술을 통하여 정의함 – 범위 : 프로제트 규모 및 활용 가능한 자원에 범위를 설정함 – 기대효과 : 기대되는 예상 효과를 산술함
D.2 실행체계 구축	• Tip 8. 무늬만 팀원?	• 팀 구 성 : 프로젝트와 관련된 전문가로 팀을 구성하고 효율적인 지원 체계를 구축함
D.3 추진계획 수립	• Tip 9. 프로젝트 추진의 힘, 이해관계자와의 커뮤니케이션과 협조	• 추진계획 : 시장환경과 자원을 고려하여 목표일정을 수립함 • 챔피언 보고 : 프로젝트 방향과 추진일정 계획 보고

프로젝트 선정은 사업계획에서

초기의 6시그마 활동은 제조업 중심의 품질혁신 운동이었지만, 지금은 6시그마 활동이 전사적 경영혁신 활동으로 진화해 오면서 전략과의 연계

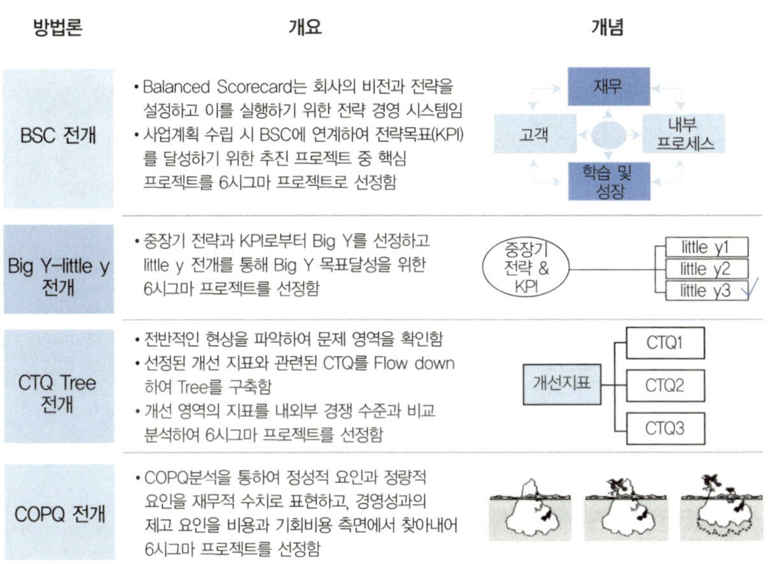

방법론	개요	개념
BSC 전개	• Balanced Scorecard는 회사의 비전과 전략을 설정하고 이를 실행하기 위한 전략 경영 시스템임 • 사업계획 수립 시 BSC에 연계하여 전략목표(KPI)를 달성하기 위한 추진 프로젝트 중 핵심 프로젝트를 6시그마 프로젝트로 선정함	재무 / 고객 / 내부 프로세스 / 학습 및 성장
Big Y-little y 전개	• 중장기 전략과 KPI로부터 Big Y를 선정하고 little y 전개를 통해 Big Y 목표달성을 위한 6시그마 프로젝트를 선정함	중장기 전략 & KPI / little y1 / little y2 / little y3
CTQ Tree 전개	• 전반적인 현상을 파악하여 문제 영역을 확인함 • 선정된 개선 지표와 관련된 CTQ를 Flow down 하여 Tree를 구축함 • 개선 영역의 지표를 내외부 경쟁 수준과 비교 분석하여 6시그마 프로젝트를 선정함	개선지표 / CTQ1 / CTQ2 / CTQ3
COPQ 전개	• COPQ분석을 통하여 정성적 요인과 정량적 요인을 재무적 수치로 표현하고, 경영성과의 제고 요인을 비용과 기회비용 측면에서 찾아내어 6시그마 프로젝트를 선정함	

그림 3-1. 6시그마 프로젝트 선정 방법론

성이 강화되고 있다. 특히 기업에서 6시그마 프로젝트를 전사 전략의 실행 수단으로 활용하면서 다양한 프로젝트 선정 방법론이 개발되었다. 이번 장에서는 기업에서 일반적으로 활용하는 프로젝트 선정 방법과 회사에서 경험했던 노하우를 소개하고자 한다.

먼저 6시그마 프로젝트는 넓게는 회사의 비전 · 전략과 반드시 연계되고 좁게는 부서, 개인의 업무 목표와 연계가 되어야 한다. 이를 위해 경영 전략 · 목표로부터 하위 전개를 통해 6시그마 프로젝트가 선정되는데 주로 아래와 같은 방법론을 사용한다.

1. BSC(Balanced Scorecard) 전개

BSC는 재무, 고객, 내부 프로세스, 학습 및 성장 관점의 4가지 균형적 시각으로 기업의 과거 · 현재 · 미래 성과를 살펴보고 전사적 성과개선을 도모하는 전략적 도구이다. BSC전개를 통한 6시그마 프로젝트 선정 방법

그림 3-2. BSC 전개

은 사업계획 수립 시 BSC 상의 전략목표(KPI)를 달성하기 위한 추진과제 중 핵심 과제를 6시그마 프로젝트로 선정하는 방법이다. 우리 회사의 BSC 전개 절차는 〈그림 3-2〉와 같다.

2. Big Y–little y 전개

Big Y–little y 전개 방법은 중장기 전략과 KPI로부터 Big Y를 선정하고 little y 전개를 통해 Big Y 목표달성을 위한 6시그마 프로젝트를 선정하는 방법이다. 우리 회사에서 Big Y–little y 전개 시 사용한 방식은 〈그림 3-3〉과 같다.

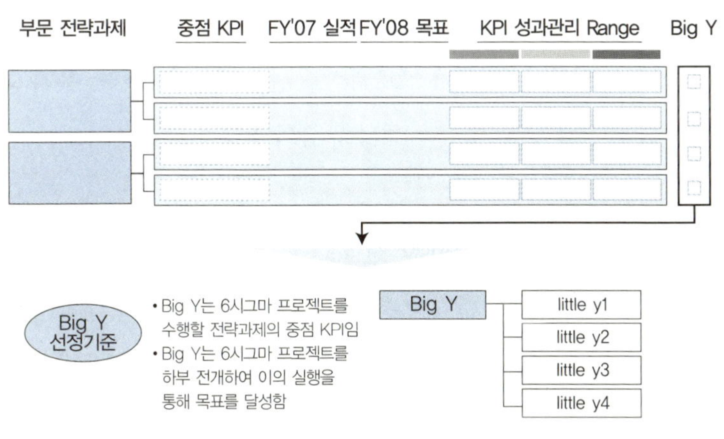

그림 3-3. Big Y – little y 전개

3. CTQ Tree 전개

CTQ Tree 전개는 관심지표에 대한 현상분석을 통해 문제 영역을 확인하고, 문제를 개선하기 위한 CTQ Tree를 구축한 후, 내외부 Best 수준과

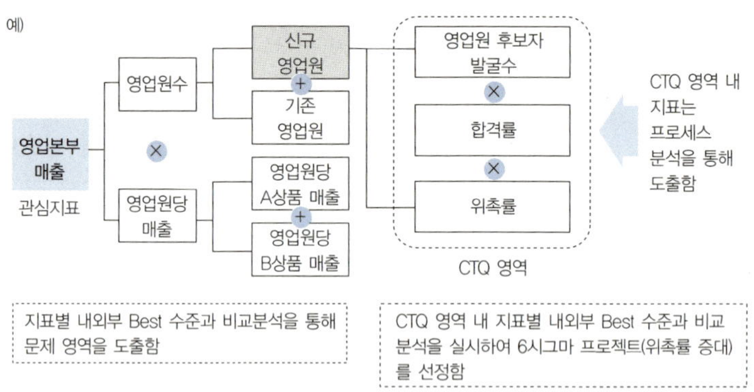
문제 영역 확인
• 효과적이고 실천 가능한 6시그마 프로젝트를 선정하기 위하여 관심지표와 관련된 전반적인 현상을 파악하여 문제 영역을 확인함
CTQ 도출/6시그마 프로젝트 선정
• 문제 영역과 관련된 지표를 Flow down하여 CTQ Tree를 구축함
• CTQ 영역 내 지표를 세부적으로 분석한 후 6시그마 프로젝트를 선정함
예)
영업본부 매출
관심지표
영업원수
영업원당 매출
신규 영업원
기존 영업원
영업원당 A상품 매출
영업원당 B상품 매출
영업원 후보자 발굴수
합격률
위촉률
CTQ 영역
CTQ 영역 내 지표는 프로세스 분석을 통해 도출함
지표별 내외부 Best 수준과 비교분석을 통해 문제 영역을 도출함
CTQ 영역 내 지표별 내외부 Best 수준과 비교 분석을 실시하여 6시그마 프로젝트(위촉률 증대)를 선정함

그림 3-4. CTQ Tree 전개

비교분석을 실시하여 6시그마 프로젝트를 선정하는 방법이다. 우리 회사의 CTQ Tree 전개 상세 절차는 〈그림 3-4〉와 같다.

4. COPQ(Cost Of Poor Quality) 전개

COPQ 전개방식은 저 품질 비용분석을 통하여 정성적 요인과 정량적 요인을 재무적 수치로 표현하고, 경영성과의 제고 요인을 비용과 기회비용 측면에서 찾아내 6시그마 프로젝트를 선정하는 방법이다.

앞에서 소개한 6시그마 프로젝트 선정 방법은 이미 일반화된 방법이지만 회사의 특징에 맞게 정교화해야 한다. 우리 회사에서도 여러 가지 시행착오를 거쳐 프로젝트 선정 방법을 구체화하고 있는데, 그 과정을 소개하고자 한다.

지난 2004년 하반기에 6시그마 시범 프로젝트를 임원 별 1건씩 Bottom-Up형태로 선정해 진행했다. 이런 방식으로 2005년까지 3차 Wave를 진행하면서 몇 가지 현상이 나타나기 시작했다.

첫째, '일 따로 혁신 따로' 인 현상이다.

임원 별로 한 건의 프로젝트를 선정해 진행하면서 6시그마 프로젝트를 진행하는 부서와 그렇지 않은 부서가 생기게 되었다. 이렇다 보니 다음 Wave에서는 과거에 프로젝트를 진행하지 않았던 부서가 맡게 되고, '어떤 문제를 6시그마로 해결할 것이냐?' 가 아니라 '이번에는 어느 부서가 프로젝트를 맡느냐?' 가 관심 사항이 되었다. 이로 인해 6시그마 프로젝트를 수행하기 꺼리는 문화가 형성되고, 마지못해 프로젝트를 진행하는 부서가 생기면서 6시그마 프로젝트가 부가 업무로 인식되기 시작했다.

둘째, 프로젝트가 전략과 맞게 정렬이 되지 않는 현상이다.

임원마다 핵심 이슈를 6시그마로 프로젝트화하였지만 전체를 두고 살펴보면 서로 상관없는 별개의 프로젝트를 진행하게 되었다. 이렇게 프로젝트를 한 방향으로 결집시키지 못함으로써 프로젝트 간 시너지를 발휘하지 못하는 문제가 발생했다.

셋째, 전사적 참여가 이루어지지 못하는 현상이다.

Wave마다 정해진 수만큼의 프로젝트만 진행함으로써 일부 부서에서만 참여하는 현상이 나타났다. 그로 인해 개선이 필요한 문제가 있더라도 굳이 6시그마 프로젝트를 진행하지 않는 현상이 나타났다.

위에서 언급한 3가지 현상은 6시그마 프로젝트가 전략과 일치되지 않음으로써 발생된 문제이고, 회사에서는 이를 보완하기 위해 2006년부터 〈그림 3-5〉, 〈그림 3-6〉과 같은 계획을 수립해 6시그마 프로젝트를 선정했다.

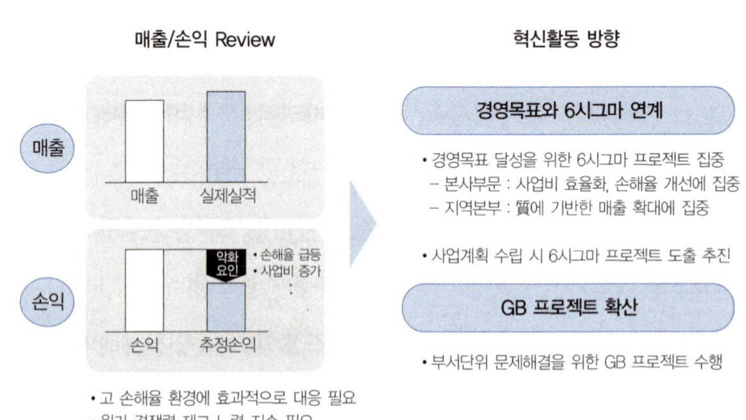

그림 3-5. 혁신활동 추진방향

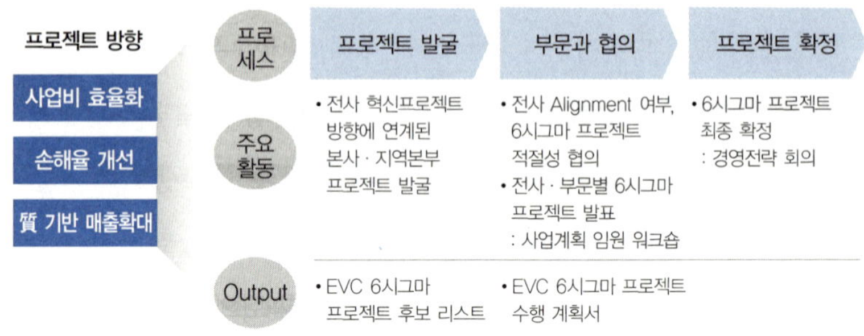

그림 3-6. 사업계획 수립 시 BSC연계

2006년도의 가장 큰 변화는 사업계획 수립 시점부터 BSC와 연계하여 경영목표 달성을 위한 6시그마 프로젝트를 선정하고 전사적으로 진행했다는 점이다. 그리고 GB프로젝트 확산을 통해 전 부서가 참여할 수 있는 토대를 만들었다. 이를 통해 '일 따로 혁신 따로' 현상을 개선해 나가고 있지만 프로젝트를 동시에 일괄적으로 시작하는 Wave 방식은 프로젝트에 따라 유연하게 조정할 필요성이 있었다. 그래서 2008년부터 프로젝트 수행 시기를 탄력적으로 운영(Non Wave 방식)하기 시작했고, 사업계획의 KPI와 6시그마 프로젝트의 연계성을 높이기 위해 Big Y-little y 방식에 따라 프로젝트를 하부 전개하는 방식을 도입했다.

회사의 혁신방향과 방법론은 지난 5년간의 활동을 통해 지속적으로 정교화되고 있다. 하지만 궁극적으로 비전, 중장기 목표, 당해 년도 사업목표 달성을 위해 각종 회의에서 6시그마 프로젝트가 수시로 발굴, 진행되는 생활화 단계까지 도달하기 위해 운영 방식을 꾸준히 유연하게 바꾸어 나갈 예정이다.

혁신사무국에 한마디

사업계획과 연계를 통해 6시그마 프로젝트를 '일 따로 혁신 따로'가 아닌 경영목표 달성을 위한 활동으로 정착시켜야 한다.

: TIP 06

가치와 목적을 분명히 하라

6시그마 프로젝트의 타이틀을 보다 보면 '~ 시스템 개발 혹은 구축', '~ 체계화', '~ 수립' 등의 제목을 흔히 볼 수 있는데 이들의 공통점은 무엇일까?

보통 프로젝트의 타이틀에는 그 과제가 추구하고자 하는 목적이나 기대효과가 반영되어 있는데 위의 표제를 보면 일종의 수단이나 행위 그 자체가 프로젝트의 목적이라는 느낌을 받을 수 있다.

물론 프로젝트 표제를 가지고 시비를 거는 것은 아니다. 하지만 실제로 프로젝트를 수행하는 리더들 가운데 프로젝트의 수행 목적을 일정한 행위나 방법에 두고 프로젝트를 진행하는 경우를 종종 보게 된다.

이런 형태로 프로젝트 수행이 완료한 후에도 각종 정보시스템 개발이나 전에 없었던 신규 프로세스 구축 등이 결과물(Output)로 나오긴 하지만, 실제로 이러한 결과물들이 실용성을 가지고 회사에 지속적으로 도움이 되고 있는지 의심스러울 때가 있다.

어느 마케팅 관련 부서에서 '시장정보 시스템 구축' 이란 프로젝트를 진행한 적이 있었다. 이 프로젝트는 시장환경 변화 및 경쟁사 정보에 목말라하는 영업 직원들을 위해 직원들 간에 서로가 가지고 있는 정보를 상호교환하여 매출 증대에 기여할 수 있는 도움을 주고자 추진했다. 그래서 프로젝트 리더는 사내 포털에 일정한 정보계 시스템을 구축해 주고, 직원들 간에 정보입력과 시스템 이용을 높이는 데 주력했다. 정보입력률과 이용률을 제고시키기 위해 부서별로 입력건수를 의무적으로 할당하기도 했고 평가에 반영하기도 했다. 그 결과, 정보입력률과 시스템 이용률은 단기간에 매우 높아졌고 프로젝트도 성공적으로 수행했다고 평가받았다.

하지만 이후, 이러한 결과에 대한 현장의 반응은 무척 회의적으로 나타났다. 부서별로 의무적으로 입력해야 하고 평가에도 반영되다 보니 할 수 없이 정보를 입력하기는 했지만, 동일한 정보를 중복 입력한다던가 별로 중요하지 않는 정보를 입력하여 실적 카운트(Count)만 높이고 있었기 때문이다. 결국, 이 프로젝트에서 만들어낸 정보시스템은 현장에 쓸데없는 업무만 가중시키는 애물단지가 되고 만 것이다.

이와 같이 시스템 구축이라는 프로젝트의 목적이 '정보입력' 이라는 행위에 맞춰져 있다 보니 프로젝트의 결과물 또한 엉뚱하게 나온 것이다. 이렇게 프로젝트의 목적이 불분명하여 실패한 사례는 DFSS방식, 즉 시스템 개발이나 구축과 관련된 프로젝트에서 종종 볼 수 있다. 비단 6시그마뿐 아니라 회사 내 많은 자원과 비용이 투자된 대규모 시스템 개발에서 소규모 정보계 시스템 등에 이르기까지 구축 후 제대로 활용이 안 되는 어플리케이션들도 찾아보면 상당수 있다.

프로젝트의 목적과 가치를 분명히 하기 위해서는 최종적으로 제공되는

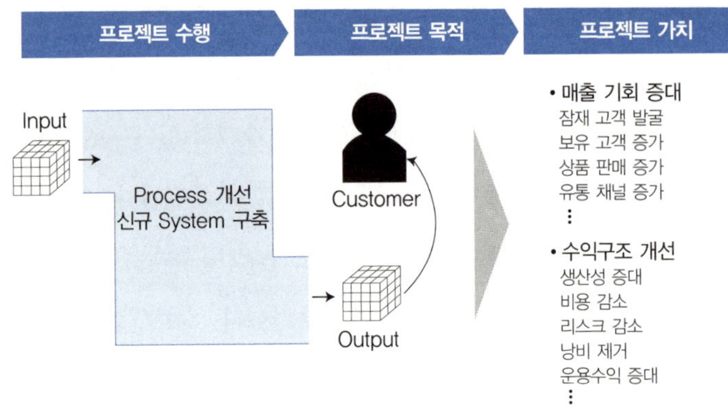

그림 3-7. 프로젝트의 목적과 가치

결과물이 고객 니즈를 얼마나 충족시킬 수 있느냐와 이것을 통해 회사의 전략달성에 얼마나 기여할 수 있느냐를 따져봐야 한다.

고객 니즈를 충족시킨다는 것은 프로젝트 수행 결과물(Output)이 고객(Customer)이 원하는 상태로 제공되어야 함을 의미하는데, 실제 프로젝트를 진행하는 동안 깊이 있는 분석이 부족하거나 리더의 주관적 판단에 의해서 고객과 그들의 요구사항이 왜곡되거나 무시되는 일이 생기기도 한다. 즉 앞의 정보시스템 구축 프로젝트에서 '정보입력률'이나 '이용률' 대신에 '타겟 거래처 의사결정자(Key-man)의 인적사항', '거래처 계약갱신일, 만기일 정보', '경쟁사 거래처 리스트 입력건수' 등과 같이 매출에 직접적 영향력이 있는 실질적인 정보 확보에 목적을 두고 프로젝트를 추진했더라면 아마 그 결과는 달라지지 않았을까 생각된다. 따라서 영업 직원들에게 영업에 실질적인 도움이 될 수 있는 유익한 정보는 무엇이고, 이를 어떻게 제공할 것인가를 프로젝트의 목적으로 정의했어야 했다.

프로젝트의 목적과 가치의 정의는 Define 단계에서 명시하게 되어 있다. Define 단계에서 프로젝트의 범위를 SIPOC(Supply, Input, Process, Output, Customer) 분석을 통해 정의하게 되어 있는데, 이때 최종 고객은 누구이고, 프로젝트의 결과물이 무엇인지 명확하게 정의해야 한다. 그러나 대부분의 리더들이 작성한 SIPOC 분석자료를 보면 주로 Process에 대한 사항에만 집중적으로 기술되어 있는 경우가 흔히 나타나고 있다. 그러다 보니 자칫 수혜를 받아야 할 고객 입장에서 프로젝트의 목적이 추구되기보다 서비스를 제공하는 업무자의 입장이나 이익을 위해 프로젝트의 방향이 설정되어 버리는 경우가 많이 발생한다.

따라서, 프로젝트 리더들은 Define 단계에서의 Customer 및 Output에 대한 분명한 정의와 함께 프로젝트가 최종 종료되는 그 시점까지 이 프로젝트가 누구를 위한 것이고, 무엇을 제공해 줄 것인가를 항상 스스로에게 되뇌어야 한다.

다음으로 프로젝트의 가치를 제고시킨다는 것은 프로젝트의 결과가 궁극적으로는 회사의 중요한 전략 달성에 기여할 수 있어야 함을 의미한다. 회사의 중요한 전략이라 함은 일반적으로 매출이나 수익 증대 등으로 대표될 수 있으며, 이것은 상품 및 보유고객 증가, 유통채널 확대, 생산성 증대, 자원 및 원가 절감, 운용수익 증가 및 리스크 보유 감소 등으로 다양하게 세분화될 수 있다.

이러한 회사의 중요한 전략에 관한 내용은 회사 사업계획 혹은 BSC(Balanced Score Card) 상에서 찾아볼 수 있으며, 전략 달성에 대한 기여도를 높이기 위해서는 이들의 주요 KPI(Key Performance Index)와 직접적인 인과관계에 있는 CTQ(Y) (혹은 Project Y)를 발굴해야만 프로젝트의 가치가 높다고 말할 수 있다.

만약, 현재 본인이 추진하고 있는 프로젝트가 전략적 연계가 부족하거나 아니면 회사에 기여할 수 있는 가치를 찾기 어렵고, 상당수 다른 프로젝트들도 이와 비슷한 상황이라면 결국 회사 입장에서는 많은 인력과 비용을 감수하면서까지 장기적으로 6시그마를 운영할 이유는 없을 것이다.

나사(NASA)에서 무중력 상태에서도 사용할 수 있는 볼펜을 엄청난 연구비를 들여 개발했지만, 러시아 우주인들은 아무런 불편 없이 연필을 사용하고 있다는 우스개 이야기가 있다. 각 리더는 본인이 추진하고 있는 프로젝트의 목적이 '쌈박한(?) 볼펜을 개발하는 것' 에 있는지 아니면 '메모를 이전보다 잘 할 수 있는 것' 에 있는지 고민해 봐야 한다.

프로젝트 리더에게 한마디

- 프로젝트의 최종 목적은 고객(Customer)에게 유익한 결과물(Output)을 제공하는 데 있다.
- 프로젝트의 가치는 회사전략 KPI 달성에 얼마나 기여하느냐에 달려 있다. CTQ(Y)와 KPI를 연계시켜라.

: TIP 07

Big Y 현상분석을 통해 개선기회를 찾아라

Define 단계에서 선정된 프로젝트의 방향설정 및 개선기회를 찾기 위해 가장 먼저 하는 것이 환경분석인데 이를 위해 SWOT 분석, 3C 분석, VOC 분석 등을 일반적으로 사용한다. 그러나 이러한 Tool들을 사용하는데 있어 억지로 만들어 끼워 넣거나 프로젝트 리더의 개인적인 경험이나 직관 위주로만 기술해 놓아 추진방향에 있어 설득력이 없어 적절히 사용되지 못하는 경우가 종종 있다.

〈그림 3-8〉 사례는 어설픈 SWOT 사용 사례를 보여주고 있다. 이 사례는 '계약자의 자동이체에 관한 은행수수료 절감'에 관한 프로젝트인데, 사실 이 프로젝트는 환경분석과는 상관없이 이미 문제점과 개선방향이 정해져 있는 상태에서 선정되었다. 6시그마 과정의 구색과 명분을 갖추고자 번거로운 수고(?)를 들여 환경분석을 한 것이다.

위 사례에서 만약 SWOT 분석을 제대로 한다면 은행자동이체 수수료 개선과 같은 말단 하부 단위 이슈보다는 환경변화에 적합한 수익성 개선

〈프로젝트명 : 계약유지 관리 프로세스 개선을 통한 은행수수료 절감〉

			내부환경 요인		전사전략 과제
			강점	약점	
			• 신 판매채널에서의 비교우위 • 금융환경 대비 미래 현금흐름 분석 능력 보유	• 예정 대비 실제 사업 비율이 높음 • 계약 유지율이 낮음	경영효율성 및 수익성 제고
외부환경 요인	기회	• 신규판매 채널의 성장 • 고객 욕구 다양화 • 제도변화	SO 판매채널 다양화 및 적기대응으로 신 채널에서의 지속적 매출 우위 확보	WO 고객 Needs에 부합하는 고부가가치 상품개발 및 판매로 보험고유익 확보	사업비 절감
	위협	• 저금리 환경 지속 • 수익성 및 재무건전성 규제 강화	ST 상품 손익분석 프로세스 강화를 통한 물건구조 개선작업 가속화	WT 업무 프로세스 개선을 통한 사업비 집행 효율화	계약자 자동이체 관련 은행수수료 절감

그림 3-8. SWOT를 통한 환경분석 사례

의 신상품 개발이나 혹은 상품 사업비 구조에 대한 전반적인 분석이 진행되었어야 했다. 약점과 위협요인 분석을 통해 나온 결론이 겨우 '은행수수료 개선' 이라고 하기에는 너무나 미흡해 보인다.

이런 형식적인 환경분석은 비단 SWOT 분석뿐 아니라 3C 분석, 5Force, VOC 분석 등 정성적인 환경분석 Tool을 이용할 때 흔히 볼 수 있는데, 이러한 도구들은 프로젝트의 유형에 맞게 적절히 활용되어야 한다.

6시그마 프로젝트 유형에는 과거나 현재의 상품 및 서비스를 개선하는 개선형 프로젝트가 있는 반면 새로운 가치 창출을 위한 획기적인 상품개발이나 신규 서비스 개발과 같이 미래가치 극대화를 위한 전략형 프로젝트가 있다. 전략형 프로젝트의 경우 SWOT, 3C&FAW, 5Force, 전략캔버스 등의 환경분석 Tool이 적절히 활용될 수 있으나, 전자의 유형에 해당되는 경우에는 '환경분석' 보다는 '현상분석' 에 초점을 맞춰 프로젝트의 개선기회를 찾는 것이 훨씬 더 현실적일 수 있다.

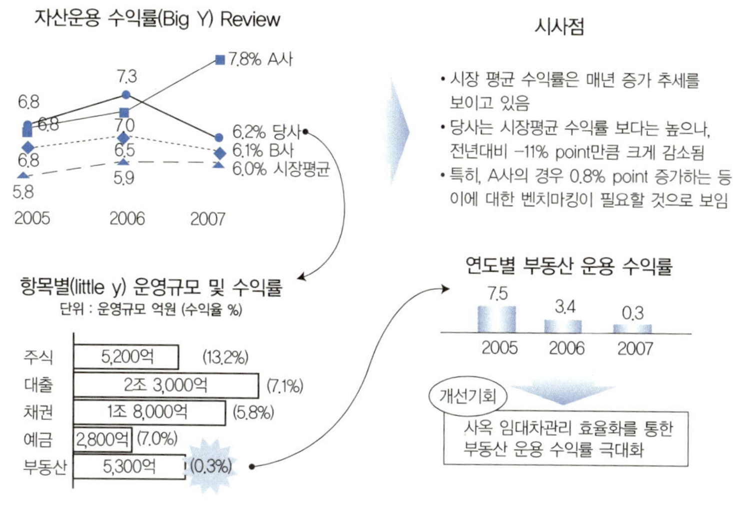

그림 3-9. Big Y 현상분석 사례

현상분석 방법은 Tip 5에서 언급된 Big Y-little y 전개방법을 이용할 수 있는데 Big Y와 관련된 주요 지표들을 데이터에 근거하여 세분화하여 프로젝트의 개선기회를 도출하는 것으로 〈그림 3-9〉와 같은 형태로 전개해 볼 수 있다.

Big Y 현상분석은 Big Y 파악, 추세 및 시사점 분석, little y로의 세분화 그리고 개선기회 도출 등을 순서에 따라 전개할 수 있는데, 먼저 Big Y 파악은 해당 부문의 사업계획이나 중장기 계획 등에서의 KPI와 깊은 연관을 가진 지표들로서 주로 매출, 생산성, 비용, 운용수익 등을 예로 들 수 있다.

Big Y의 추세 및 시사점 분석은 우리 회사, 경쟁사, 시장관점(혹은 고객관점)에서 과거 3~5개 년 간의 추세를 분석하면서 주요 시사점을 도출하도록 한다. 이러한 시사점에 근거하여 Big Y를 little y로 다시 세분화하면서

이 가운데 가장 취약한 분야를 구체화함으로써 프로젝트가 궁극적으로 개선해야 할 방향과 기회를 선정하도록 한다.

〈그림 3-9〉의 경우 Big Y인 자산운용 수익률에서 경쟁사 비교, 추세 분석, little y 세분화 및 사옥관리 효율화란 프로젝트 개선기회 도출에 이르기까지 비교적 객관적인 분석을 통해 시급히 해야 할 방향을 적절하게 설정했다고 볼 수 있다. 만일 〈그림 3-8〉에서 언급된 '은행 자동이체 수수료 개선' 프로젝트의 경우도 SWOT 분석보다는 전사 Big Y에 해당되는 비용 항목을 경쟁사 비교 등을 통해 little y 형태로 세분화시키면서 현상 분석을 했더라면 '은행 수수료 개선' 이외에도 다양한 이슈들이 열거될 수 있고, 이 가운데 가장 시급하고 중요한 개선기회들이 객관적인 평가를 거쳐 보다 현실적인 개선기회에 대한 방향이 설정될 수 있었을 것이다.

현재 우리 회사는 특별한 경우를 제외하고는 대부분의 프로젝트들이 이러한 Big Y-little y에 관한 경쟁사 및 추세 분석을 통해 프로젝트 테마 및 개선기회를 도출하는 것이 표준화되어 있으며 이를 통해 현실적인 개선기회의 도출, 프로젝트의 신속한 진행 및 전개, Measure 단계의 측정지표 선정 및 목표수준 설정 용이 등의 장점들을 제공하고 있다.

프로젝트 리더에게 한마디

- 정성적인 환경분석보다는 주요 이슈에 대한 데이터적 현상분석을 통해 프로젝트의 방향과 개선기회를 찾아라.

TIP 08

무늬만 팀원?

과거에 이런 사례가 있었다. A과장은 6시그마 프로젝트를 진행하기 위해 팀 차트를 작성하면서 문제 영역과 관련된 실무자를 중심으로 팀원을 정하였다. 그런데 프로젝트를 시작하면서 팀원들의 활동 참여가 생각했던 것만큼 원활히 진행되지 않고 있었다. A과장은 팀원들에게 수 차례 회의 참여 요청을 했지만 이런저런 이유로 참여하지 않거나, 참여한 팀원도 상사가 급한 일로 찾는다며 회의 중간에 나가버리는 경우가 종종 있었다. 결국 A과장은 팀원 참여 요청은 불필요한 에너지 소모라고 판단해 팀원의 도움을 스스로 포기했다. 이후 A과장은 혼자 프로젝트를 진행하면서 개선을 할 수 있는 범위 중심으로 축소하게 되었고 보고서만 열심히 만든 후 챔피언에게 처음에 기대했던 것보다 실망스러운 결과를 보고하게 되었다. 그리고 프로젝트가 끝난 후 A과장은 도와주지 않은 팀원들을 원망하게 되었고 혁신활동에 대한 부정적인 마인드를 갖게 되었다.

6시그마 프로젝트를 진행한 리더들로부터 설문조사를 진행한 적이 있다. 프로젝트 진행 중 느꼈던 어려움에 대해 조사한 결과, 프로젝트의 성과가 미흡했던 리더들은 대부분 나 홀로 프로젝트의 어려움을 토로했다. 그렇다면 '어떤 이유로 나 홀로 프로젝트가 발생할까?'

다양한 원인이 있을 수 있지만 프로젝트 팀원 선정 단계에서 충분한 협의 부족과 팀원 선정 후 적극적 참여를 위한 동기부여 부족이 주요 원인이라는 생각이 든다. 실제 팀원 중에는 자기 이름이 팀 차트에 기록이 되어 있는지조차 모르는 경우도 있고, 프로젝트 수행 중에 한 번도 활동 참여 요청을 받지 않은 경우도 있었다. 이런 경우가 발생하지 않도록 팀원의 프로젝트 활동 참여를 높이기 위한 몇 가지 방법을 이야기해 보자.

1. 팀원 선정 시에는 반드시 팀원이 소속된 부서장과 협의하라.

팀원이 속한 부서장과 협의가 없으면 선정된 팀원은 프로젝트 활동을 부서장에게 인정받을 수 없기 때문에 소극적으로 참여하게 된다. 팀원의 활동을 부서장이 알 수 있도록 팀원이 소속된 부서장과 협의를 진행하라.

2. 팀원 선정이 마무리되면 즉시 회합을 진행하라.

프로젝트 리더는 팀원 선정이 마무리되면 팀원이 모두 참석할 수 있는 자리를 마련한 후 팀원으로 선정된 이유를 설명하고 할 수 있다는 열정을 보여라.

3. 프로젝트 시작 단계부터 팀원 참여를 유도하라.

프로젝트 Kick-off 보고서를 작성하는 단계에서부터 팀원을 참여시키고, 챔피언 보고 시 팀원도 배석한 상태에서 챔피언의 지시사항을 받아라.

일단 이렇게 처음부터 눈 도장을 찍으면 강한 소속감과 책임감으로 One-Team이 될 수 있다.

4. 벨트 육성 교육과정에 팀원도 같이 참석시켜라.

팀원과 같이 교육에 참석하여 프로젝트의 Framework을 작성해 보도록 한다. 이를 통해 팀원들은 프로젝트에 대한 전체 모습을 이해하게 되고 프로젝트에 주도적으로 참여하게 된다.

5. MBB가 프로젝트를 지도할 때 팀원은 필수로 참석해야 한다.

한 번 빠지게 되면 계속 빠지게 된다. 자주 불참하는 팀원은 프로젝트의 진행 상황을 파악하지 못해 자신의 역할을 잘 알지 못하게 되고, 열심히 해보겠다는 팀 분위기를 해칠 수도 있다. 한 번이라도 빠지면 안 된다는 팀 분위기를 조성해야 한다.

6. 프로젝트 리더는 팀원의 역할과 책임을 명확히 정의하라.

프로젝트 진행 초기에 팀원 간 역할을 공유하고 결과를 문서로 정리하여 챔피언에게 보고하라. 이를 통해 팀원은 자신의 역할에 더욱 충실히 몰입할 수 있다.

우리 속담에 "백지장도 맞들면 낫다"는 속담이 있듯이 프로젝트 리더를 지원하는 팀원의 적극적 참여는 프로젝트의 성공 확률을 높이는 필수 요소이다.

프로젝트 리더에게 한마디

프로젝트 진행 초기에 팀원을 참여시키지 못하면 끝날 때까지 혼자 하게 된다. 처음부터 참여를 이끌어내기 위해 노력하라.

혁신사무국에 한마디

프로젝트와 관련된 모든 활동에서 팀원을 동참시킬 수 있도록 제도적 기반을 마련하고 지원하라.

: TIP 09

프로젝트 추진의 힘, 이해 관계자와의 커뮤니케이션과 협조

프로세스는 사내 다양한 부서와 구성원들 간의 상호작용으로 구성되어 있으므로 이를 실질적으로 개선하기 위해서는 관련 이해관계자들의 협력과 지원이 절대적으로 필요하다. 따라서, 여러 이해관계자들의 원활한 협조를 받기 위한 지속적인 커뮤니케이션 및 네트워크 체계를 얼마나 잘 구축해 놓았느냐에 따라 프로젝트의 성공 여부가 달려 있다고 볼 수 있다.

그러나 이러한 커뮤니케이션 체계 구축에 실패한다면 '나 홀로 프로젝트' 같이 프로젝트가 힘을 잃거나 실용적인 개선안을 도출하였더라도 현장의 실행력을 담보하지 못해 실패로 끝날 가능성이 높다. 다른 부서 혹은 현장과의 커뮤니케이션을 제대로 구축하기 어려운 이유로는 부서 간의 높은 장벽 혹은 문화적 이질감, 프로젝트 테마가 현실성이 없거나 반대로 개선이 너무 어려워 관여하기 싫은 경우, 해당 부서 내의 문제점들이 외부로 노출될 것에 대한 두려움, 기타 바쁘다는 핑계 등 무척 다양하다. 더군다나 6시그마 프로젝트라고 하면 상대방은 더욱더 냉담해진다. "상 받기 위해 프로젝트하는 것 아니냐?", "과거에도 비슷한 프로젝트를 진행해 봤지만 근본적인 개선은 안 되더라", "항상 이벤트성으로 진행하고 말더라" 등 시큰둥한 반응을 보인다. 그러나 현장의 변화와 혁신을 이끌어가는 리더라면 누구나 겪게 되는 것이므로 이러한 반응에 기죽지 말고, 오히려 이들과의 원활한 커뮤니케이션을 통해 프로젝트 추진력을 높여 나갈 방안을 모색해야 한다.

이해관계자에 따라 커뮤니케이션 체계는 여러 형태로 구분될 수 있는데 먼저 직접적으로는 담당 챔피언과의 Tollgate Review, 워크 그룹이나 팀원과의 정기회의가 있으며, 기타 회사 내 임원 회의나 부서장 회의 등 다양한 공식 접촉 경로가 존재한다. 이밖에도 비공식적 경로로는 입사 동기, 주변 동료, 혹은 상급자나 임원의 도움을 받아 프로젝트에 관계된 이해관계자들과 원활한 커뮤니케이션 체계를 구축할 수 있다. 이 모두는 프로젝트 리더가 큰 마음 먹고, 얼마나 적극적인 자세로 일하느냐에 따라 프로젝트 추진에 필요한 힘을 지원받을 수 있음을 말해주는 것이다.

먼저 챔피언과의 Tollgate Review나 워크 그룹과의 Kick-off meeting은 프로젝트의 실행력을 높이는 데 가장 큰 힘이 된다. 챔피언의 의견개진이나 지시사항은 팀원들의 역할과 책임감을 높여줄 수 있고, 이해관계자들의 협조와 지원을 공식화할 수 있는 기회로 활용할 수 있다. 따라서 될 수 있는 한, 많은 이해관계자를 이러한 회의에 배석시킬 수 있도록 해야 하고 회의 개시 전에는 담당 챔피언에게 코멘트(comment)해야 할 사항을 미리 부탁해 볼 수도 있다.

프로젝트 리더는 이러한 회의를 진행하기 전에 팀원이나 이해관계자들에게 요구해야 할 협력 사항을 일목요연하게 정리할 필요가 있다. 이는 간트차트는 프로젝트에 대한 구체적인 활동, 담당부서, 담당자, Output 및 일정계획 등을 반드시 명시하여 담당자들의 오너십(Owenership)을 높일 수 있도록 해야 한다.

Task	담당부서	담당자	Output	2005.10		2005.11					
				1주	2주	3주	4주	5주	6주	7주	8주
				19	24	31	7	14	21	28	
Phase 1: 프로젝트 계획 수립(Define)											
1-1 추진배경, 개선기회, 일정계획, 추진체계 정의											
Kick-off meeting											
Phase 2: 현황 파악(Measure)											
1-1 계정과목 Review											
1-2 원가분석/손익분석체계 Review											
Phase 3: 설계방향 구축(Analyze)											
2-1 목표 및 구현 방안 설정											
2-2 ABC 기본사항 결정(원가대상, 원가범주 등)											
2-2-1 Cost Pool, Profit Center 정의											
2-2-2 원가대상 정의											
1차 Consensus Meeting 중간보고											
Phase 4: System 설계(Design)											
3-1 Resource 설계											
3-1-1 원가대상별 직접비 배부기준 정의											
3-1-2 직접비 귀속화 방안 Review											
3-2 Cost Object 구조 설정											
3-2-1 Activity Structure 정의											
3-2-2 조직별 특성 및 분류기준 설계											
3-2-2 원가배부도 설계											
2차 Consensus Meeting(Workshop)											
Phase 5: Changr Management(Verify)											
4-1 향후 계획 수립											
4-2 향후 Communication 방안 마련											
최종 보고											

그림 3-10. 간트차트(Gantt Chart)

〈그림 3-10〉, 〈그림 3-11〉와 같은 형태로 보여줄 수 있는데 상대방이 쉽게 이해할 수 있도록 가능한 한 꼼꼼하게 작성하도록 하고, 필요하다면 이를 이해관계자의 해당 담당 임원에게까지 미리 협조를 구해 담당자 별로 책임감을 높이도록 한다.

그리고 Tollgate Review나 팀원들과의 정기회의는 정해진 날짜에 반드시 진행해야 한다. 만일 날짜가 지연되거나 그냥 넘어가는 경우가 자주 발생하면 프로젝트 리더에 대한 신뢰가 떨어지면서 프로젝트의 추진 기반이 크게 흔들릴 수 있음을 명심해야 한다.

다음으로 해당 프로젝트와 긴밀한 협조가 요구되는 타 부서 임직원이나

실행 방안	내용	완료 일정	주관부서(담당자)	
직무분석에 기반한 인사관리 체제 확립	• 직무분석 수행 • 인사 전략 수립을 통한 인사관리 프로세스 모델링 • 중장기인력 운영계획 수립	2008.5.30	인사팀	김 과장
전문/핵심인재 육성과 확보	• 전문/핵심 인력에 대한 차별화된 관리 방안 수립 및 체계적인 CDP기반 확립	2008.6.30		
성과 주의형 관리 및 보상체제 확립	• 성과급 체제 구축/시행안 제출 • 사업가형 점포장 제도 도입	2008.5.20		
전사 IT 전략수립 및 추진	• 전사전략과 연계된 IT전략 수립 • 현업부문과의 Communication 활성화를 통한 효율적인 지원체제 구축	2008.7.15	IT 추진팀	박 과장
IT Service Level Agreement	• IT 서비스의 최적화를 위하여 조직 내 및 외부 아웃소싱 기관과의 SLA기반 확립			

그림 3-11. 액션플랜(Action Plan)

현장 실무진들의 냉담한 반응은 프로젝트 리더에게 여간 부담스러운 일이 아닐 수 없다. 공식적으로는 Kick-off meeting이나 업무 협조 공문 발송을 통해 필요한 사항을 요청할 수도 있지만, 상대방이 마음을 굳게 닫고 있으면 만족할 만한 협조를 얻어내기 어렵다.

따라서 이들의 진정한 도움을 받으려면 공식적인 회의석상 외에 평소 현장방문이나 메일, 전화 등을 통해 친숙해지도록 노력해야 한다. 또한, 프로젝트 진척 사항에 대해서도 정기적으로 알려 주면서 상대방의 관심을 높여줄 필요가 있다.

만약 상대방이 6시그마에 대해서 냉소적인 반응을 보인다면 6시그마의 의미와 중요성을 가지고 힘겹게 설득할 필요는 없다. 서로 갈등을 일으키는 이유는 6시그마 행위에 대한 목적이 다르기 때문이다. 따라서, 서로가 일치할 수 있는 공통의 목적을 찾아내지 않으면 안 된다. 그러기 위해서는 현재 눈앞의 문제보다는 더 상위 수준에 있는 회사 차원에서의 문제를 지적하고 보다 높은 명분을 확보하여 상대방을 설득시켜야 한다. 즉 "우리 회사에서는 지금 문제가 매년 반복되고 있는데, 현장의 의견수렴과 지원을 통해 이 문제를 개선하고자 한다"라는 식으로 협조를 구하는 것이 바람직한 방법이다.

그밖에 유관 부서장 같은 관리자나 타 부문의 임원 등의 협조가 필요한 경우도 발생하게 되는데, 이때 단위별 임원 회의, 부서장 회의 등에 정식 안건을 제출하여 설명회를 추진하는 방법도 있다. 본인의 위치에서 부담이 된다면 담당 챔피언이나 PO와 상의하여 이들이 직접 협조를 구할 수 있도록 지원을 요청하도록 한다.

책상에 가만히 앉아 본인의 주관과 경험만으로 작성한 프로젝트 보고서의 결과에 대해서는 아무도 관심을 기울이지 않을 것이다. 현장에서 보다 많은 사람들의 협조와 지원을 얻어내기 위해서 본인이 가지고 있는 모든 네트워크를 최대한 동원하여 체계적인 커뮤니케이션 채널을 넓게 확보할 수 있다면 프로젝트의 추진력을 향상시키고 좋은 성과를 기대할 수 있을 것이다.

또한 사무국에서도 리더들의 많은 커뮤니케이션 채널 확보를 위한 제도적 지원이 필요하다. 리더들이 현장이나 관련 부서의 사람들을 만날 때 궁색하지 않을 만큼 최소한의 활동비가 정기적으로 지원될 수 있도록 충분한 예산을 사전에 확보해야 한다. 그리고 프로젝트가 동시 다발적으로 진행되다 보면 여러 곳에서 중복되는 6시그마 프로젝트 관련 회의로 인해 불만이 발생하기도 한다. 이를 최소화하기 위해서는 사무국에서 각종 유사한 프로젝트를 일정한 부문 단위로 모아 합동으로 Consensus meeting을 주선하도록 하여 현장에 각종 회의가 난립하는 것을 방지해야 한다.

프로젝트 리더에게 한마디

- 문제를 전사 차원에서 이슈화해 이해관계자의 관심과 협조를 구하라.
- 다양한 커뮤니케이션 채널과 네트워크 경로를 확보하라.

혁신사무국에 한마디

프로젝트 리더들의 커뮤니케이션 장을 넓힐 수 있도록 제도적 방안을 마련하여 지원하라.

Chapter 4

무엇을 측정하고, 얼마만큼 달성해야 하나? (Measure)

6시그마의 가장 강점은 개선 전후의 성과를 계량적으로 측정하는 것에 있다. 그러나 막상 사무간접분야나 서비스 업종에서 6시그마 수준을 측정하려하니 고객요구 수준이 너무나 다양해서 절대적 기준과 목표를 잡기도 어렵고, 또 측정하더라도 현 수준의 심각성을 현장에 얘기했더니 이를 제대로 이해하지 못하는데…

"무엇을 측정하고 또 목표를 어떻게 잡아야 하나?"

Six Sigma

Define > **Measure** > Analyze > Improve > Control

Step	Tip	내용
M.1 CTQ(Y) 정의	• Tip 10. 배가 산으로 간다 • Tip 11. CTQ(Y) 운영정의는 고객관점에서 기술하라 그리고 단순화하라	• CTQ(Y) 선정 : 프로젝트를 대표할 수 있는 측정지표 선정 • 운영정의 : CTQ(Y)에 대해 같은 해석이 가능하도록 정의함
M.2 현 수준 측정	• Tip 12. 데이터, 구조부터 알고 수집하라 • Tip 13. Garbage in, Garbage out • Tip 14. 시그마수준, 꼭 필요한가?	• 데이터 수집 : 측정에 필요한 데이터를 체계적으로 수집함 • 현 수준 파악 : 평균과 산포의 관점에서 파악
M.3 목표 설정	• Tip 15. 목표설정, 어떻게 하는 것이 좋은가? 당신은 뛰는 사람인가, 나는 사람인가?	• CTQ(Y) 목표 설정 : 벤치마킹을 통하여 파악한 경쟁사 수준 또는 업계 최고 수준을 목표로 설정 • 효과 산출 기준 정립 : 재무효과 및 비 재무 효과의 산출기준을 정립 • 목표효과 산출 : 목표달성 시 예상 성과를 산출

: TIP 10

배가 산으로 간다

왜 측정지표를 선정해야 하는가? 이것은 우리가 제공하는 상품과 서비스의 품질 수준을 계량화하기 위해서이며, 측정할 수 있어야 목표도 세우고 개선방향도 설정할 수 있기 때문이다. 만일 업무 수준을 측정할 수 없다면 업무를 컨트롤할 수 없고, 업무를 컨트롤할 수 없다면 결국 항상 우연한 기회에만 모든 것을 의존할 수밖에 없게 된다.

We don't know what we don't know.
If we can't express what we know with the form of numbers, we really don't know much about it.
If we don't know much about it, we can't control it.
If we can't control it, we are at the mercy of chance.

_Mikel Harry

프로젝트: 보험계약 심사 프로세스 개선으로 통한 현장 매출 증대

VOC 분석 (영업현장)	KCI˙	CCR	CTQ(Y) 후보
• 심사 결과 안내를 빨리해 주었으면… • 심사 결과 통보가 너무 늦다 • 전문 교육을 실시했으면 • 영업조직은 교육이 부족하다 • 판매 성공사례와 스킬을 전파하였으면… • 상품 설명자료가 다양했으면… • 계약체결 사례가 실린 자료가 많았으면… • Presentation 등 스킬 지원을 해주었으면…	• 신속한 심사 안내 • 안내일자 준수 • 전문가 교육 • 영업조직 교육 수해 확대 • 성공사례 전파 • 상품설명자료 지원 • 계약 예시 자료 지원 • 상담 서비스 확대	• 5일 이내 안내 • 안내일 준수 95% • 전문가 교육 실시 • 영업조직 교육 실시 • 성공사례 전파 교육 • 상품 설명 자료 제공 • 사례 설명자료 제공 • 상담서비스 제공	심사준수 건수(5일 이내) 교육 이수 시간 설명자료 제공 횟수 출장 상담서비스 제공 횟수

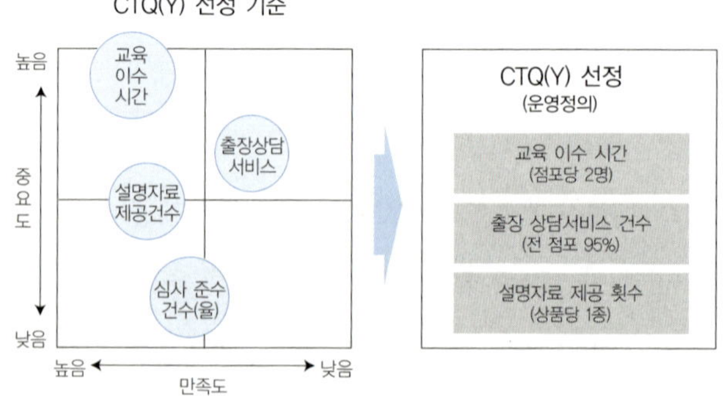

그림 4-1. 잘못된 CTQ(Y) 선정사례

따라서 6시그마에서의 CTQ(Y)(혹은 Project Y)와 같은 측정지표는 반드시 측정될 수 있는 지표로 선정되어야 하며, 동시에 해당 프로젝트의 최종 성과를 대표적으로 보여줄 수 있는 지표가 선정되어야만 한다.

그러나 엉뚱한 CTQ(Y)가 선정됨으로 인해 고객의 요구사항과는 전혀 다른 방향으로 프로젝트가 흘러간다든가 아니면 엉뚱한 원인분석과 개선안 실행으로 쓸데없는 일만 만들어내서 오히려 현장과 실무자들만 고통받는 일이 생기게 될 수도 있다.

〈그림 4-1〉 사례는 6시그마에서 CTQ(Y)를 선정할 때 가장 일반적인 형태인 VOC · KCI · CCR 단계를 통해 CTQ(Y)를 선정한 사례를 보여주고 있다.

- VOC(Voice Of Customer) : 고객 요구사항
- KCI(Key Customer Issue) : 고객 요구사항 중 주요 쟁점 이슈
- CCR(Critical to Customer Requirement) : 정량화된 고객의 요구조건
- CTQ(Y)(Critical to Quality(Y)) : 핵심 품질특성 지표

하지만, 최종 선정된 CTQ(Y)들을 놓고 볼 때 최초 프로젝트의 타이틀에서 보여주는 것과는 달리 뭔가(?) 석연치 않은 느낌을 주고 있다. 프로젝트 타이틀을 '프로세스 개선을 통해 현장 영업인의 매출 증대' 라고 했으면 분명 프로젝트 결과가 현장 매출에 기여할 수 있어야 하는데, 교육 이수 시간이 늘어나거나 상담서비스 건수가 많아진다고 해서 과연 매출 증대에 크게 기여할 수 있을 것인가 솔직히 의심스럽기 때문이다.

다시 말해 교육 이수 시간이나 상담서비스의 제공 수과 같은 CTQ(Y) 실적 자체가 아무리 좋게 나온다 하더라도 제대로 된 서비스가 제공되지 않는다면 자칫 형식적인 실적에만 치우친 생색내기 프로젝트로 전락해 버릴 수 있다.

만약 이 프로젝트의 CTQ(Y)를 다시 선정하라고 한다면 '심사피드백 싸이클 타임(Cycle time)' 을 CTQ(Y)로 선정하는 것이 바람직하다고 보여진다. 즉 상품 · 심사단위 · 담당자별로 세분화하여 리드타임(Lead time) 감소에 목표를 두게 된다면 현장 영업인들에게는 심사 완료 전까지의 불필요한 대

기 시간을 감소시켜줌으로써 영업 활동에 투입할 수 있는 시간을 상대적으로 늘려줄 수 있는 가치를 제공할 수 있었을 것이다.

CTQ(Y)를 선정하는 방법들로는 위와 같이 VOC를 통한 CTQ(Y) 선정에서 CTQ Tree 전개 그리고 프로세스 맵 전개 등이 가장 대표적인 방법들이며 그밖에 BSC, 사업계획, 중장기 전략 등에서의 KPI를 검토하여 선정하는 방법들이 있다.

먼저, VOC를 통한 전개는 앞의 사례에서 보여주듯이 VOC, KCI, CCR 등을 고려하여 CTQ(Y)를 선정할 수 있으나, 주의할 점으로는 각 단계에서 언급된 사항들이 현장의 요구사항을 제대로 담아내지 못하고 조사자의 경험과 주관에 의해서 왜곡될 우려가 있다. 따라서 VOC를 조사할 때는 가능한 한 광범위하고 다양한 목소리를 들어봐야 하며 조사된 VOC는 객관성과 실용성을 충분히 고려하여 CTQ(Y)로 선정해야 한다.

두 번째 방법인 CTQ Tree 전개 방법은 평소 관리하는 지표가 너무 다양하여 선택과 집중이 안 되거나 반대로 너무 포괄적이어서 쉽게 개선 포인트가 눈에 띄지 않는 경우 관련된 여러 지표들을 트리(tree) 형태로 전개하거나 세분화하여 가장 취약한 지표를 찾아 이를 CTQ(Y)로 선정하는 방식이다.

〈그림 4-2〉에서는 이러한 사례를 볼 수 있는데, 프로젝트의 궁극적인 목적은 신규 매출을 증대시키고자 하는 것이지만 이를 단기간에 실현시키기에는 많은 어려움이 따른다. 따라서 신규 매출지표(Y)를 '고객층별화', '접촉활동', '상품 세분화' 등 주요 요인에 따라 구분하여 다양한 측정지

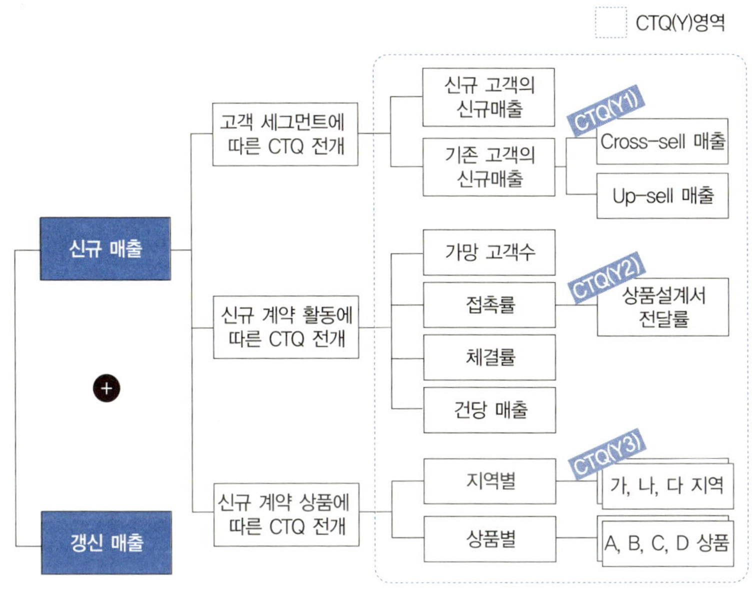

그림 4-2. CTQ Tree 전개 사례

표를 나열하고 이를 트리(tree) 형태로 CTQ(Y)를 세분화한 사례이다.

이러한 CTQ Tree는 VOC에 의한 전개 방법보다 훨씬 체계적이라 할 수 있으며, 여러 변수들 간의 상관관계 및 인과관계가 명확해지면서 핵심 원인에 접근하기가 용이해지기도 한다.

이렇게 상하관계로 분류된 각 CTQ(Y)들은 기간이나 규모에 따라 상위지표(Big Y 지표, 후행지표, 결과지표 등)와 하위지표(little y, 선행지표, 과정관리지표)로 구분이 가능하며, 이러한 CTQ(Y)들 간의 관계 정립을 통하여 프로젝트 수행기간을 단계별 혹은, 기간별로 별도의 CTQ(Y)와 달성목표를 정할 수도 있고 결과지표는 Control 단계에서 사후 관리지표로도 활용이 가능하다. 또한, 규모가 큰 프로젝트는 CTQ Tree 전개를 통해 여러 개의 소규모 프로젝트로 나누어 진행할 수도 있다.

〈그림 4-2〉 사례는 신규 매출과 관련된 지표를 고객, 계약활동, 상품군 등의 요인(Factor)에 따라 하위 지표로 세분화시키고 이 가운데 CTQ(Y1) 'Cross-sell 매출', CTQ(Y2) '상품설계서 전달률' CTQ(Y3) '상품별 매출' 등 가장 취약한 지표 3가지를 프로젝트의 주요 CTQ(Y)로 선정하였음을 보여주고 있다.

세 번째 프로세스 맵 전개에 의한 CTQ(Y) 도출방법은 CTQ Tree 전개 시 더 이상 하부 단위로의 분해가 어렵고 일련의 연속된 활동 가운데 활동 개선이 필요한 경우 이러한 방법을 통해 CTQ(Y)를 전개하여 선정할 수 있다.

〈그림 4-3〉은 신규 영업원 증원 수를 증대시키는 것이 프로젝트의 목적인데, 프로세스 맵 분석을 통해 CTQ(Y)를 선정한 사례이다. 신규 영업원의 증원 수를 높이기 위해서는 자격시험 응시자 수와 합격자 수가 많아야

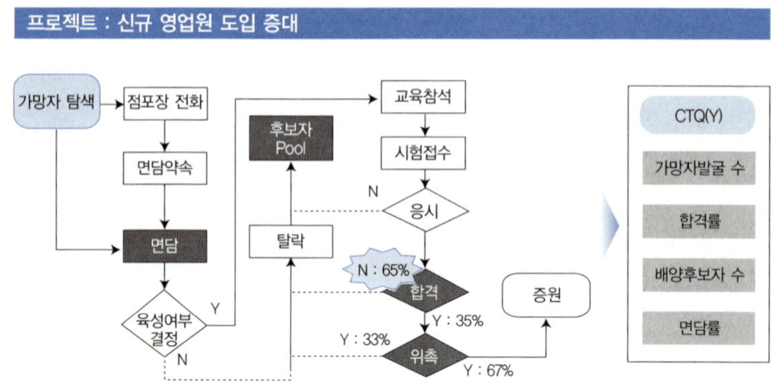

그림 4-3. 프로세스 분석을 통한 CTQ(Y) 선정 사례

하고 이를 위해서 다시 정규 교육과정 참여자 수가 많아야 한다. 또 교육생을 늘리기 위해서는 앞서 가망 후보자 수를 많이 확보하고 있어야 한다. 결국 영업원 증원과 관련된 모든 일련의 활동 과정을 Flow를 통해 전개해 본 결과 이 가운데 가장 취약한 활동으로 판단되는 가망자 발굴 수, 면담률, 후보자 Pool, 자격시험 합격률 등의 실적들이 부진하여 이들을 CTQ(Y)로 선정하였음을 보여주고 있다.

마지막으로는 BSC(Balanced Scorecard)나 사업계획, 중장기 전략계획 상에 있는 KPI를 직접 가져다 CTQ(Y)로 사용하는 방법이 있다. 이 방법은 사업계획서나 중장기 사업계획서에 CTQ(Y)의 운영정의나 측정기준이 이미 명확하게 정의가 되어 있어 쉽게 측정지표로 사용이 가능하다. 또한 사업계획 및 전략적 연계가 높아 프로젝트의 가치를 제고할 수 있으며, 만약 목표달성만 된다면 회사에 대한 기여도도 무척 크다고 할 수 있어 가능한 한 사업계획과 관계된 CTQ(Y)가 선정되도록 해야 한다.

프로젝트 리더에게 한마디

- CTQ(Y) 선정은 VOC 분석, CTQ Tree 전개, 프로세스 맵 전개, 사업계획 KPI와 연계 등의 방법들이 있다.
- CTQ(Y) 형태는 상위지표(Big Y, 결과지표, 후행지표)와 하위지표(little y, 과정지표, 선행지표) 등으로 구분할 수 있으며, 이들은 프로젝트 범위와 기간에 따라 단계별로 목표가 설정되어야 한다.

: TIP 11

CTQ(Y) 운영정의는 고객 관점에서 기술하라, 그리고 단순화하라

CTQ(Y)의 설정 및 운영정의를 고객의 관점에서 정의하는 것은 무척이나 당연한 말이지만, 사실 프로젝트를 진행하다 보면 본인의 업무 관점에서 주관적으로 기술하는 경우를 종종 볼 수 있다.

다음 사례의 경우 고객의 보험사고 보상 요청에 따른 '현장출동시간'을 CTQ(Y)로 선정하고 이를 정의한 예시들인데 만약 여러분들이 프로젝트 리더라면 이 가운데서 어떤 것을 선택하겠는가?

① 고객이 사고접수를 위해 최초로 전화 버튼을 누른 시각부터 출동직원이 현장에 도착한 시간
② 고객이 콜센터 상담원과 통화 연결이 된 시각부터 출동직원이 현장에 도착한 시간
③ 고객과 상담원이 전화를 종료한 시각부터 출동직원이 도착한 시간
④ 상담원이 접수내용을 전산 화면에 입력을 완료한 시각부터 출동직원

이 현장에 도착한 시간

⑤ 출동직원이 출동통보를 받은 시각부터 현장에 도착한 시간

⑥ 출동직원이 사무실을 떠나는 시각부터 현장에 도착한 시간

벨트 육성 교육 때 최적의 운영정의를 선택하라고 하면 상당수가 ④를 선택하고 간혹 ⑤를 선택하는 교육생도 있다. 선택의 이유를 물어보면 ④부터가 데이터수집이 가능할 것이기 때문이라고 대답한다.

그러나 만일 고객들에게 직접 선택해 보라고 한다면 어떤 것을 선택할까? 고객 입장에서는 당연히 ①을 선택할 것이다. 왜냐하면 여러분도 은행이나 카드 혹은 전자제품에 이상이 생겨 해당 회사의 콜센터에 전화해 본 적이 있을 것이다. 이때 담당 직원과 상담을 받고 싶은데 연결은 되지 않고 자동음성(ARS)만 되풀이 되고 있어 짜증이 난 경험을 가지고 있을 것이다. 이러한 고객 입장을 생각한다면 가장 이상적인 운영정의는 ①이 아닐까 싶다. 실제로 콜센터 자체 내에서는 통화품질 측정을 위한 '통화응답률' 이란 지표가 있다. 이 지표를 활용한다면 콜센터에 전화를 건 고객 가운데 일정한 시간 내에 몇 명이나 통화 연결이 되었는지 실제로 측정이 가능하다. 따라서 CTQ(Y) 지표 선정과 운영정의는 고객의 요구사항이나 기대사항이 제대로 반영된 고객의 관점에서 기술해야만 실질적으로 고객서비스 수준의 향상을 기대할 수 있을 것이다.

다음으로는 CTQ(Y) 운영정의는 단순하고 명료하여야 한다. 지나치게 많은 요구조건들을 CTQ(Y)에 포함시키면 문제의 핵심에 접근하기가 어려워지게 된다.

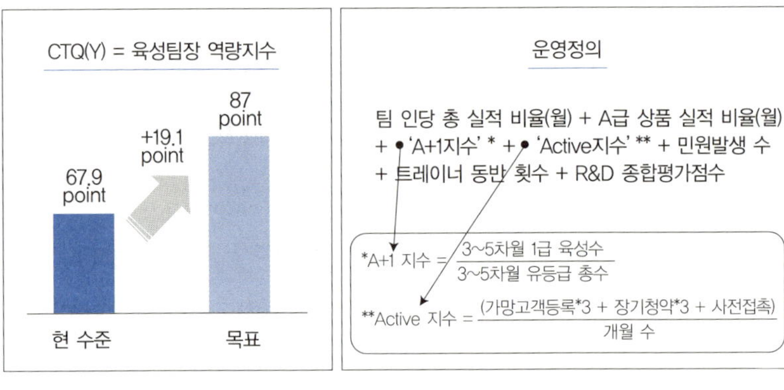

그림 4-4. CTQ(Y) 운영정의 사례

〈그림 4-4〉를 보면 CTQ(Y)를 복잡하게 정의한 사례를 볼 수 있다. 이 프로젝트의 목적은 육성팀장들의 부족한 역량을 높여 매출에 기여하고자 하는 것인데, 이를 위해 육성팀장의 역량과 관련된 모든 지표를 나열하고 이를 한데 묶어 종합 역량지수로 정의하였다. 이 지표는 육성팀장들의 인사 고과나 성과 보상을 평가할 목적으로 활용한다면 적절할지 모르지만, 프로젝트 본래의 목적인 육성팀장의 부족한 역량을 찾아내어 문제점을 개선시키기 위한 CTQ(Y)지표로 사용하기에는 적합하지 않다.

위의 종합 역량지수 안에는 상호 독립된 여러 가지 지표들이 존재하는데, 이 가운데 어느 정도 실적이 잘 관리되고 있는 지표가 있는 반면 반대로 실적이 취약하여 개선이 반드시 필요한 지표들이 있을 것이다. Measure 단계에서 이러한 취약한 지표를 위주로 CTQ(Y)를 선정한다면 Analyze 단계에서는 문제의 핵심에 접근하기가 훨씬 용이할 수 있을 것이다.

또 다른 지적으로는 CTQ(Y)의 복잡성으로 인해 데이터수집이 번거로워 사후 관리가 취약해질 수가 있다는 것이다. 예를 들어 'Active 지수'나

'A+1' 지수 등, 기존에 없었던 새로운 지표를 매달 수작업으로 산출하는 어려움이 존재할 뿐더러 복잡한 산식으로 구성된 종합 역량지수는 영업현장에는 특별한 의미를 전달해 주지 못해 지속적으로 관리할 필요성을 느끼지 못하게 된다. 따라서 복잡하게 정의된 CTQ(Y)일수록 데이터 수집관리가 어렵고, 공감대가 부족하여 프로젝트의 사후관리를 지속적으로 진행하는 데 한계를 드러낼 수밖에 없다.

만일 이 프로젝트를 다시 진행할 수 있는 기회가 주어진다면 〈그림 4-5〉처럼 CTQ(Y) 선정 및 운영정의를 보다 단순화시킬 수 있다. 우선 육성팀장 역량과 관련된 모든 지표들을 나열하고 이 가운데 평균, 산포 혹은 전사 Best 수준 등을 고려하여 가장 취약한 하부 단위의 지표 2~3개만 선정한다면 CTQ(Y)에 대한 운영정의도 보다 단순화될 수 있다.

이로써 가장 취약한 지표를 통해 개선해야 할 대상이 명확해지고, 문제의 핵심에 접근하기가 용이해진다. 또한 선정된 지표는 기존에 관리되고

구 분		해당 지점	전사평균	전사Best	운영 정의
판매실적	팀인당 총실적비율	30.5	32.0	37.0	육성팀 총 매출건수/육성팀원수(월)
	A 상품 실적 비율	**21.0**	**29.4**	**35.3**	**A군 상품 매출/총 매출액(월)**
	팀인당 고소득비율	49.2	48.3	52.3	월소득 백만원 이상 수/육성팀원수(월)
고객관리	인당가망고객 등록 수	20	39	45	가망고객 등록수/육성팀원수(월)
	사전 접촉 비율	4.6	4.7	5.2	청약건수/가망 고객수(월)
	보험 청약비율	**2.0**	**12.0**	**18.0**	**청약건수/가망 고객수(월)**
	민원 발생 수(비율)				민원발생건수/육성팀원수(연간 누적)
육성실적	트레이너 동반비율	67.4	75.0	81.0	동반횟수/육성교육과정 인원수(월)
	3~5차월 육성실적	**43.0**	**70.8**	**75.3**	**3~5차월 유실적자 수/3~5차월 육성지수**
	13차월 정착률				13차월 이상 정착자수/13차월 증원수
기타	R&D 종합평가점수	48.5	45.3	53.4	점포장 평가 점수

그림 4-5. CTQ(Y) 및 운영정의 단순화

있던 지표들이기에 기존 정보시스템을 이용하거나 약간만 보완한다면 사후관리에도 별 어려움 없이 관리할 수 있을 것이다.

프로젝트 리더에게 한마디

- CTQ(Y) 운영정의는 고객의 입장에서 생각하고 기술하라.
- CTQ(Y) 운영정의는 단순할수록 개선 포인트를 빨리 찾을 수 있고, 사후관리하기가 보다 수월할 수 있다.

: TIP 12

데이터, 구조부터 알고 수집하라

Measure 단계나 Analyze 단계에서 현 수준 측정 및 원인분석을 위해 데이터수집 작업을 진행하게 되는데 이때 수집하는 시간에만 상당한 시간

데이터 사용 방법	데이터 표현 방법
- 가장 큰 영향요인 도출 - 현 수준 파악 - 근본 원인 분석	- 파레토 차트 - 히스토그램 - 관리도 - 산정도

측정 대상	운영 정의	지표 유형	데이터 유형	데이터 소스	샘플 방법	데이터 수집방법	데이터 수집자	데이터 수집시기	동시에 수집되어야 할 데이터
대출 Cycle Time	팩스 전송 날짜/시각으로부터 승인/기각 팩스 전송 날짜/시각까지	결과 데이터 (Output)	연속형	팩스 센터의 대출 신청서 자료	전수조사 (489개)	체크시트 활용	김 대리	2002/6/1~ 2003/5/31	대출형태 대출금약 대출 담당자 신청자 신용 등급

그림 4-6. 데이터수집 계획서

이 걸려 프로젝트 전체 일정이 지연되는 상황이 종종 발생하기도 한다.

데이터수집을 위해 일반적으로 〈그림 4-6〉과 같은 양식을 작성하여 해당 담당자에게 데이터를 요청한다. 그러나 수집된 데이터 결과를 보면 양은 많은데 쓸 만한 자료가 없어 다시 수집해야 할 상황이 끊임없이 반복되어 데이터를 수집하는 과정에만 많은 시간을 낭비하게 된다. 데이터수집에 앞서 데이터의 전반적인 구조와 프로세스를 어느 정도 이해한 후에 데이터 수집계획을 작성한다면 시간을 효율적으로 관리할 수 있을 뿐만 아니라 분석 작업이 보다 용이해질 수 있다.

먼저 데이터의 구조 파악은 〈그림 4-7〉에서처럼 Y=f(x) 관계에 기반해 전개해 볼 수 있다. 이와 같이 로직트리 형태로 데이터 구조를 체계화하다 보면 동시에 수집해야 할 여러 데이터 항목들을 리스트 작성을 통해 한 번에 효율적으로 수집할 수 있을 뿐만 아니라, 주요 데이터 간의 인과관계도 파악할 수 있어 프로젝트에 따라서 '데이터 층별화 및 분류 작업'

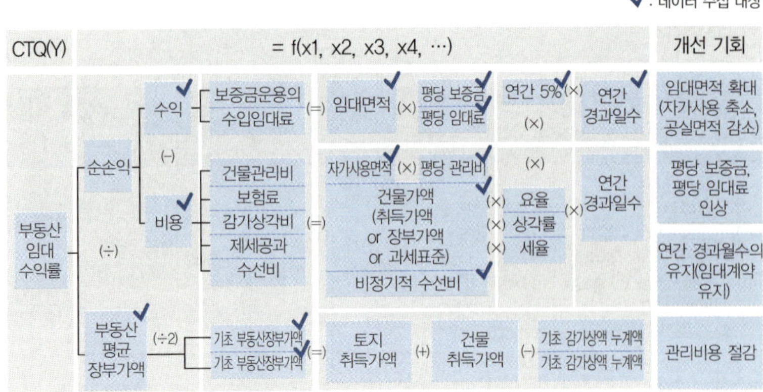

그림 4-7. Y=f(x)를 통한 데이터 구조 파악

그 자체 하나로만 핵심 원인과 근본 문제에 쉽게 접근하여 개선안을 신속히 도출해내기도 한다.

하지만 해당 업무에서의 경험이 많은 직원이라고 해도 예제에서처럼 데이터 구조를 처음부터 체계적으로 제대로 작성하는 경우가 드문데, 이는 평소 본인의 직접적 경험과 직관만 가지고서 문제를 파악하려는 경향이 높기 때문이다. 데이터를 체계적으로 구조화하는 데 쉽게 익숙해지려면 평소 문제를 MECE(Mutually exclusive, Collectively exhaustive, 중복과 누락 없이)적 사고방식에 의해 로직 트리를 전개해 나가는 훈련이 필요한데, 이는 Tip 18의 로직 트리 작성 방법을 참조하도록 하자.

그런데 로직 트리 작업을 통해 데이터수집 항목을 정의하더라도 누락되거나 추가적인 조사가 필요한 데이터 항목들이 계속 발생한다. 이것은 로직 트리 작성이 1인칭 관점에서 작성하다 보니 이해관계자들과의 상호작용에서 발생하는 중간과정 항목이나 투입물(Input)에 관한 데이터 항목들이 제대로 파악되지 않아 누락되기도 하는 것이다.

이는 FDPM(Functional Deployment Process Map) 작성을 통해 보완할 수 있는데, 〈그림 4-8〉에서 보는 바와 같이 로직 트리에서는 상하관계에 있는 데이터 항목들을 전개하는 것에 비해 프로세스 맵에서는 이해관계자, 시간 및 공간의 흐름에 따라 중요한 데이터 항목들을 도출할 수 있음을 볼 수 있다.

그러나 막상 보통 금융업이나 사무간접 지원분야에서 FDPM을 작성하려다 보면 작성 경험과 관련된 자료들이 미약해 작성하는 데 상당한 시간이 소요되는 경우를 볼 수 있다. 이는 평소 해당 업무에 대한 매뉴얼이 얼마나 잘 작성되어 있느냐에 따라 다른데, 어떤 업무 매뉴얼을 보면 필요한

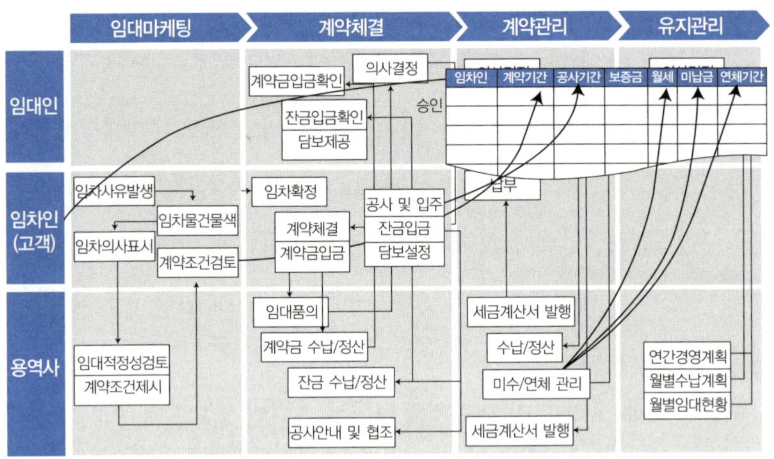

그림 4-8. 프로세스 분석을 통해 동시에 수집해야 할 데이터 파악

업무만 나열하고 정의한 단순히 업무 지침서에 가까운 수준인 경우가 많다. 이러한 사정이다 보니 업무의 종류, 순서, 공간, 이해관계자들을 고려한 FDDM을 처음 그려보는 일이 그다지 쉬운 일은 아닐 것이라 여겨진다.

그러나 금융 · 사무간접 분야라 해도 ERP(Enterprise Resource Planning), ABC(Activity Based Costing, 원가회계) 등 선진 정보 관리 시스템을 도입하거나 IT정보 분야가 잘 발달한 회사는 전산 시스템을 구축할 당시의 설계도를 잘 찾아보면 회사 내 주요 업무나 정보의 흐름도가 잘 정의된 자료를 쉽게 구할 수도 있으니 이를 관련 부서에 문의해 볼 만하다. 그리고 프로세스 맵을 작성하다 보면 로직트리 작성과 마찬가지로 근본 원인이나 개선 포인트를 쉽게 발견하는 경우가 있다. 특히 프로세스 주요 활동 가운데 의사결정 포인트('◇', Yes/No 판단지점) 지점의 실적 데이터를 집중적으로 살펴보면, 동일한 실수가 반복되어 작업이 지연되거나 재작업으로 인해 비 부가가치 활동이 많이 발생하는 경우를 볼 수 있다. 이 부분들을 집중적으로 관찰하거나 필요한 데이터를 수집하다 보면 문제해결의 실마리를 쉽게 찾는 경우가 나타나기도 한다.

프로젝트 리더에게 한마디

로직트리와 프로세스 분석을 통해 데이터를 구조화 혹은 층별화하면 분석에 필요한 데이터 항목의 정의가 쉬워지고, 문제에 대한 접근이 빨라진다.

: TIP 13

Garbage in, Garbage Out

6시그마 교육을 받아본 사람이라면 한번쯤은 GIGO(Garbage In, Garbage Out)란 단어를 들어보았을 것이다. GIGO란 '쓰레기를 넣으면 쓰레기가 나온다' 는 뜻인데, 컴퓨터에 불완전한 데이터를 입력하면 불완전한 답이 나

그림 4-9. Garbage In, Garbage Out

올 수밖에 없다는 말로 사용된다. 이 단어가 6시그마 교육에 자주 언급되는 이유는 6시그마 문제해결 방법론이 데이터 중심적이지만, 잘못된 데이터 분석으로 인해 잘못된 판단을 할 수 있다는 점을 강조하기 위해서다.

특히, 금융 분야의 6시그마 프로젝트는 제조 분야처럼 직접적인 측정을 통해 데이터를 수집하기보다는 Database에 있는 방대한 양의 데이터 중 일부를 SQL(Structured Query Language) 명령어 등을 사용하여 수집하는 경우가 빈번하기 때문에 GIGO의 가능성은 더욱 높다. 그래서 이번 장에서는 금융 · 보험 분야 프로젝트에서 자주 발생할 수 있는 불완전한 데이터 분석사례를 소개하고 경험을 통해 알게 된 오류 검출 및 예방 방법을 소개하고자 한다.

첫 번째 사례는 층별분석이 되지 않은 경우이다.

A대리는 업무처리 리드타임 단축을 위한 6시그마 프로젝트를 수행하면서 현 수준을 측정하기 위해 Database로부터 최근 3개월 동안 처리된 5만 5천 건의 데이터를 수집하였다. A대리는 전산에 등록된 '접수시간'과 '처리 완료시간'의 차이를 '업무처리 리드타임'으로 정의하고 엑셀작업을 통해 현 수준을 측정했다. A대리는 측정된 리드타임 결과를 살펴보던 중 그동안 경험적으로 알고 있던 리드타임과는 차이가 많다고 판단해 전체 Raw Data를 꼼꼼히 살펴보게 되었으며 수집된 데이터 중 측정대상이 아닌 불필요한 데이터가 포함된 사실을 알게 되었다.

결국 A대리는 불필요한 데이터들을 구분할 수 있는 Field값을 추가해 다시 데이터를 수집한 후 현 수준을 측정했다. 다행히 잘못된 판단으로 이어지지는 않았지만 A대리는 잘못된 보고서를 작성할 뻔했고, 힘들게 재작업을 할 수밖에 없었다. 만약 A대리가 사전에 측정대상 데이터를 명확히 정의해 제외 대상 데이터 등을 파악 · 분석하기 위한 층별데이터를 현 수준 측정 시 동시에 수집했다면 잘못된 판단의 가능성과 데이터를 다시 수집해야 하는 낭비를 줄일 수 있었을 것이다.

두 번째 사례는 데이터 가공 과정에서 실수가 발생한 경우이다.

B과장은 6시그마 프로젝트를 수행하면서 과거 1년간 실적을 분석하기 위해 4만여 건의 데이터를 분석하기 시작했다. 먼저 데이터를 층별로 정리한 후 엑셀의 'VLOOKUP', 'IF' 등 각종 명령어를 사용해 가면서 데이터를 정리했고, 피벗테이블을 이용해 데이터를 요약한 후 분석결과를 도출했다. 그러나 B과장은 자신이 분석한 결과를 살펴보면서 일부 결과에서 이상한 점을 발견했다. 그래서 분석과정을 다시 하나씩 거꾸로 살펴본 결과, 'VLOOKUP' 명령어를 사용하는 과정 중 일부 데이터가 매칭되지 않은 오류가 발견되었다.

일반적으로 B과장의 경우처럼 6시그마 프로젝트 수행과정에서 데이터를 분석하기 위해 복잡한 가공과정을 거치는 경우가 많은데, 이렇게 가공과정이 복잡해질수록 실수도 늘어나게 되어 잘못된 판단을 내릴 가능성이 높아진다.

이런 실수를 막기 위해선 엑셀에서 수작업으로 데이터를 가공하는 방법보다 Database의 구조를 파악하고 있는 사람이 직접 SQL(Structured Query Language) 명령어를 사용해 처음부터 정리된 형태의 데이터를 다운로드받는 것이 좋다. 만약 데이터 가공과정이 그리 복잡하지 않는 경우라면 Gage R&R 방법처럼 2~3번 반복해서 작업을 해보거나, 2~3명이 작업을 진행한 후 서로 비교하는 것도 좋은 방법이다.

세 번째 사례는 입력자의 착오, 실수로 인한 오입력으로 인하여 Database에 있는 데이터 자체가 잘못된 경우이다.

잘못 입력된 Field에서 데이터를 추출할 경우 무조건 잘못된 분석결과를 얻게 된다. 이런 리스크를 줄이기 위해 먼저 중요 Field에 대해서는 데이터 입력과정을 파악해 둘 필요가 있다. 어떤 환경에서, 어떤 절차에 따라 데이터가 입력되는지 먼저 파악한 후 분석하는 것이 바람직하다. 만약 수작업 입력 등으로 인해 오입력 가능성이 클 경우에는 데이터 유효성 검사를 실시하거나 데이터 입력 자동화 등을 통해 먼저 신뢰성 있는 Database를 구축한 후 데이터를 수집하여 분석하는 것이 좋다.

네 번째는 사사오입 등 산출 방법이 부정확한 경우이다.

프로젝트를 진행하다 보면 흔히 반올림하여도 아무런 문제가 없을 것으로 생각해 습관적으로 데이터를 반올림 처리하여 측정하거나 기록하는 경우가 종종 있다. 이런 경우 데이터의 원래 속성을 잃게 되어 이후의 분석에 많은 문제가 발생할 수도 있다.

6시그마 문제해결 방법론은 데이터 중심적이고 사실에 입각한 의사결

데이터 오류 발생 유형

- 불필요 데이터가 포함
- 데이터 가공 과정의 실수
- 데이터 입력자의 착오(오입력)
- 산출방법의 부정확(예: 사사오입) 등

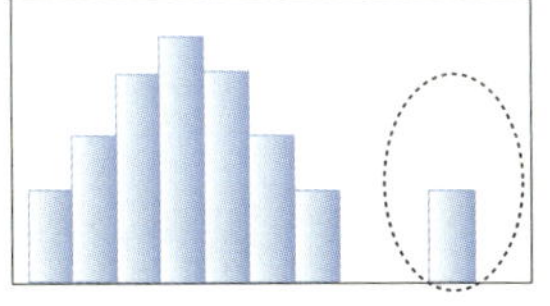

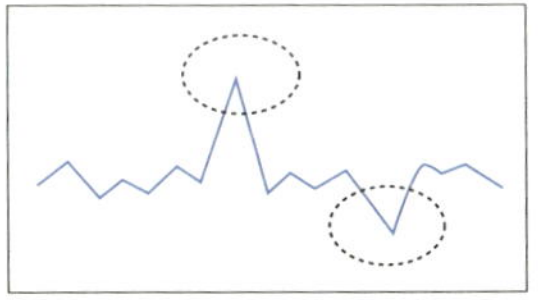

그림 4-10. 데이터 오류 발생 유형

정을 추구한다. 하지만 앞서 언급한 것처럼 불완전한 데이터로 분석이 이루어진다면 잘못된 판단을 내릴 수 있기 때문에 프로젝트를 수행하는 6시그마 벨트는 데이터를 올바르게 이해하고 분석할 수 있도록 부단히 노력해야 한다.

프로젝트 리더에게 한마디

수집된 데이터에 오류가 있는지 반드시 검증하라.

TIP 14

시그마 수준 측정, 꼭 필요한가?

6시그마가 도입될 당시에는 제조부문의 품질문제에 적용되면서 통계적 기법을 사용해 문제를 해결했다. 그 결과 '6시그마' 하면 통계적 문제해결 방법으로 인식이 되어 금융 · 보험 등 간접 서비스 부문에 6시그마가 확산되는 데 상당한 걸림돌이 된 것이 사실이다. 그러나 지금은 모든 산업에 이르기까지 6시그마가 문제해결 기법으로 널리 사용되면서 매우 폭넓게 진화되고 있다. 이런 진화 중 시그마 수준과 관련된 인식의 변화를 이번 장에서 언급하고자 한다.

먼저 6시그마에서 프로세스의 현 수준을 '시그마 수준(Z Level)'으로 측정하는 이유를 살펴보면 다음과 같다.

1. 99% = 3.8σ, 99.99966% = 6σ

만약 프로세스의 품질이 99% 수준이라면, 시그마 수준으로 볼 때 3.8σ

가 된다. 99% 수준이면 충분하다고 인식될 수도 있지만 3.8σ수준은 6σ수준까지 개선여지가 많다. 99%의 수준으로 충분하지 않은 프로세스를 완벽한 수준으로 혁신하기 위해 시그마 수준을 사용하는 것이 효과적이며, 시그마 수준이 향상되면 프로세스의 오류는 기하급수적으로 개선될 수 있다.

2. 평균과 산포의 관점에서 현 수준을 파악

시그마 수준에는 평균과 산포의 개념이 동시에 반영되어 있다. 그래서 프로세스의 평균과 산포를 시그마 수준으로 측정하면 현재 수준이 어느 정도의 수준인지, 산포와 오류를 줄이기 위해 필요한 것이 무엇인지 파악하는 데 도움이 된다.

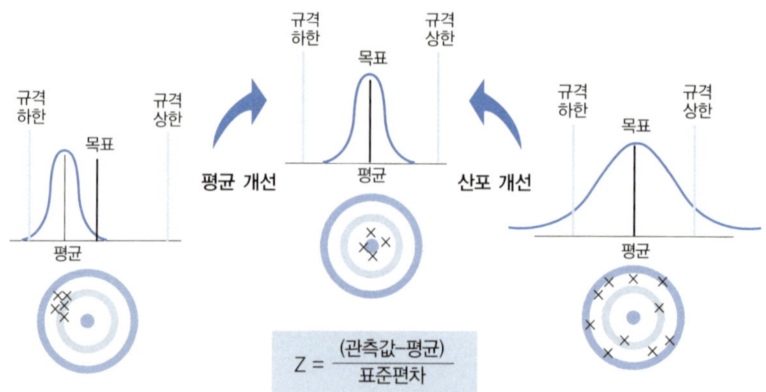

여기서 관측값을 규격상한(USL), 평균을 목표라 한다면, Z값이 의미하는 것은 '시그마 수준'이 됨. 즉, 분포의 중심인 평균으로부터 고객 요구 수준(규격상한 또는 규격하한)까지의 거리가 표준편차의 몇 배인지를 판단.

그림 4-11. 시그마 수준의 개념

3. 조직의 Common Language로 사용

시그마 수준으로 이야기하면 대화가 간단 명료해지며, 시그마 수준

(Z Level)에는 단위가 없어 서로 비교가 가능하다.

이상에서 언급된 바와 같이 6시그마에서 현 수준을 측정할 때 시그마 수준을 사용하면 여러 가지 장점이 있다. 하지만 금융·보험 등 간접 서비스 부문에서는 제조부문보다 고객요구 수준(규격상한 또는 규격하한)을 객관적으로 정의하기가 어려운 것이 현실이며, 그로 인해 모든 6시그마 프로젝트에 현 수준을 시그마 수준으로 측정하라고 강요할 시에는 다음과 같은 문제점이 발생될 수 있다.

1. 고객요구 수준을 어떻게 정의하느냐에 따라 시그마 수준은 달라지게 되는데, 객관적으로 검증되지 않은 고객요구 수준(규격상한 또는 규격하한)을 사용하여 시그마 수준을 산출하는 경우가 발생될 수 있다.

6시그마 도입 첫해 시범 프로젝트를 추진하면서 있었던 사례이다.

합의 프로세스를 개선하는 프로젝트인데, 합의 소요일수가 길어지면 불확실성이 증가해 보험금의 산포가 큼을 알 수 있었다. 프로젝트 팀은 합의 소요일수에 대한 분석을 통해 전체 합의 건의 75%가 12일 이내 합의된 건으로 파악되어 12일 초과합의 건을 Defect로 정의하고 시그마 수준을 측정했다.

여기서 문제는 고객요구 수준을 임의로 정한 점과 무조건 빠른 합의가 바람직한 것은 아니라는 점이다. 사고 유형에 따라 신속한 합의가 바람직한 경우도 있고, 때론 철저하게 조사를 진행한 후 합의를 하는 경우가 바람직한 경우도 있다. 사례에서 보듯이 시그마 수준을 획일적으로 측정하도록 요구하면 잘못된 결과를 보고할 가능성이 있다. 그러므로 프로젝트의 지표에 명확한 고객요구 수준(규격상한/하한)이 있고, 지표가 확실히 클수록 좋은 특성(망대, Larger-the-Better) 또는 작을수록 좋은 특성(망소, Smaller-the-Better)인 경우에만 시그마 수준을 사용하고 그렇지 않은 경우는 시그마 수준을 사용하지 않는 것이 바람직하다.

2. '시그마 수준'을 사용할 경우 오히려 커뮤니케이션을 방해할 수 있다.

위 사례와 마찬가지로 6시그마 도입 첫해 시범 프로젝트를 추진하면서 있었던 사례이다.

안정적인 IT 서비스를 위해 Host의 응답속도를 개선하는 프로젝트인데, 현 수준을 측정하기 위해 Host의 1초 이내 응답속도를 측정한 결과 현 수준은 3.6σ이었고, 개선목표를 3.7σ로 설정했다. 현 수준을 측정하고 목표를 설정할 때 프로젝트팀은 DMPO로 환산하는 복잡한 과정을 거쳐 시그마 수준을 측정했다. 이 프로젝트에서 현 수준 측정결과와 활동 목표를 굳이 복잡한 과정을 거쳐서 시그마 수준으로 환산할 필요가 있었을까? 하는 생각이 든다. 프로젝트를 보고 받는 입장에서는 미미한 개선도(3.6σ에서 3.7σ수준으로 개선)가 마음에 들지 않을 수 있을 뿐만 아니라 도대체 어느 정도 문제가 심각한지 판단하기 어렵게 느껴질 것이다. 그렇다면 이 사례를 이렇게 바꿔서 보고하면 어떨까? Host의 1초 초과 응답비율이 1.8%이고 1.5%를 개선목표로 보고하면 커뮤니케이션은 더욱 명확해질 것이다.

이상에서 언급된 사례는 시그마 수준에 대한 이해 부족으로 인해 발생되었다고 생각할 수도 있겠지만, 어쩌면 전통적 6시그마 방법론에 따라 적용분야의 특성을 무시하여 적용했기 때문에 발생되었을 수도 있다. 6시그마 도입 후 1~2년이 진행되다 보면 임직원의 눈높이가 상당히 높아지게 되고 이런 사례들에 대한 이의 제기가 많아지게 된다. 금융 · 보험 등 간접 서비스부문에서 6시그마를 추진하는 부서에서는 시그마 수준을 모방하여 측정하는 단계에서 빨리 벗어나 현실에 맞게 측정할 수 있는 방법을 연구하고 진화시켜 나가야 할 것이다.

혁신사무국에 한마디

시그마 수준의 장점과 단점을 파악한 후 현 수준을 측정하라.

: TIP 15

목표설정, 어떻게 하는 것이 좋은가?
– 당신은 뛰는 사람인가, 나는 사람인가?

6시그마 과제를 수행해 본 사람이나 과제를 멘토링해 본 사람이라면 Measure 단계에서 현 수준을 분석하고 나서 가장 고민스러운 부분 중 하나는 아마도 '목표를 어느 정도로 설정해야 하나?' 하는 문제일 것이다.

물론 고객이 명확히 정의되어 있고(또는 경영층, 과제의 스폰서나 PO가 될 수도 있음.) 고객이 원하는 수준, 즉 목표가 명쾌하게 주어지는 경우도 있지만 목표가 주어지지 않는 경우가 대부분이어서 과제 추진팀은 합리적이면서 혁신적인 목표 사이에서 목표를 얼마나 잡아야 할지 항상 고민에 놓이게 된다.

예전에 '국가 · 법인 대상 구상환입금 증대' 라는 프로젝트를 진행한 적이 있었는데, 소를 제기해서 승소를 해야만 구상금을 환입시킬 수 있다 보니 국가 · 법인을 대상으로 한 구상환입금은 다른 전체 환입금 가운데 극히 일부분에 지나지 않았으며, 이마저도 매년 실적이 감소하고 있는 상황이었다.

- 국가 · 법인 대상 구상환입금이란 자동차 사고를 냈을 때, 대부분의 과실은 운전자인 피보험자에게 있지만 때론 가드레일이나 중앙분리대, 충격완화장치 등을 설치할 책임이 있는 국가나 지자체, 법인 등의 과실로 인해 보험사는 피해자에게 이미 지급된 보험금 중 일부를 국가 · 법인으로부터 환입받는 것을 말한다.

처음 이 과제의 목표는 자사의 내부 자원과 역량 수준을 감안하여 전년 대비 10%로 개선하는 수준으로 설정하였고 이 수준도 쉽지 않다는 것이 당시 관련 조직의 여론이었지만, 과연 10% 개선이라는 목표가 적절한지 선두 경쟁사와 비교해 보기로 했다.

A사의 전체 구상환입금 중 국가 · 법인 대상의 구상환입금 비중은 약 2%였고, 선두 경쟁사는 약 9% 수준으로 그 Gap은 상상했던 것보다 훨씬 더 컸다. 더욱이 05년 대비 06년 구상환입금은 감소 추세였으나 경쟁사는 오히려 증가 추세였다. 이에 과제 추진팀은 처음 설정했던 목표를 전면 수정하고 경쟁사의 개선률과 점유율을 고려하여 도전적인 목표로 재설정하였다.

앞서 살펴본 사례 이외에도 여러 과제에서 나타나는 현상으로, 과제를 수행하는 리더는 과제의 목표가 주어지지 않으면, 현실적으로 달성 가능한 목표 수준을 고려하게 되는 것이 일반적이다. 설령 도전적으로 설정하려 해도 도전적이고 혁신적인 목표수준이 어느 정도인지 모르는 경우가 대부분이며, 멘토링을 하는 담당 MBB 입장에서도 마찬가지인 경우가 많은 것이 현실이다.

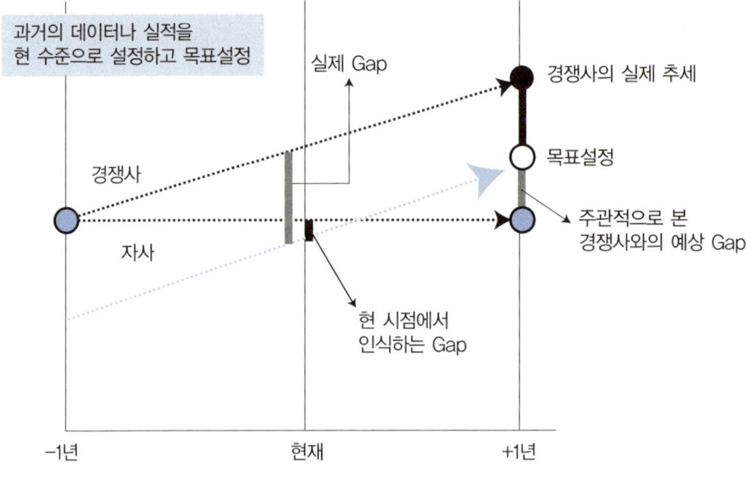

그림 4-12. 잘못된 목표설정 예

이때, 매우 유용한 방법이 바로 경쟁사로 눈을 돌려보는 것이다.

〈그림 4-12〉를 살펴보자. 경쟁사의 과거 데이터나 실적을 그들의 현재 수준으로 설정, 그 Gap만을 고려하여 목표를 설정한다면 영원히 경쟁사를 따라 잡을 수 없을 것이다. 당연히 경쟁사도 예전부터 끊임없는 개선과 발전을 하고 있기 때문이다. 경쟁사를 뛰어넘기 위해서는 현 시점에서의 경쟁사 수준을 파악하여 자사와의 실제 Gap을 고려하고 경쟁사의 과거부터 현재까지의 개선 추세를 고려한 미래 수준을 예측하여 그 수준을 뛰어넘는 수준으로 자사의 목표를 설정해야만 한다.

현대사회에서 기업이 살아남고 더 나아가 지속적인 성장을 하기 위해서는 경쟁사보다 비교우위에 있으면 되지 않겠는가? 물론 현실적으로 과제를 수행하다 보면 경쟁사와 비교를 할 때 처한 환경과 지표, 기준 등이 다를 수 있고, 또 비슷하다 하더라도 경쟁사의 수준을 정확히 알기가 어려울

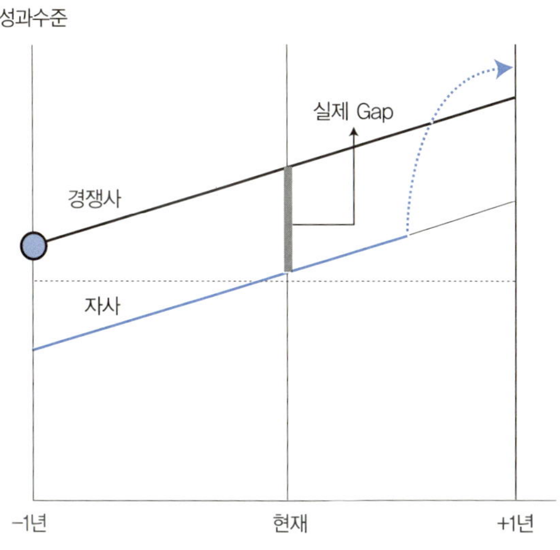

그림 4-13. 바람직한 목표설정 예

수도 있을 것이다. 그러나 경쟁사의 수준을 정확히 알 수 없다 하여 전혀 경쟁사를 고려하지 않고 내부 상황만을 고려하여 목표를 설정한다면 결국 그 기업은 끓는 냄비 속의 개구리처럼 서서히 죽어갈 것이다. 기업의 지속적인 성장은 모두의 바람이자 추구하는 목표이다.

대부분의 기업이 선도 기업이 아니라는 가정 하에 상위 경쟁사를 넘어 선도 기업이 되고자 한다면 기업의 모든 문제해결 활동의 목표는 항상 경쟁사의 수준을 고려해 설정해야만 할 것이다.

더 높은 곳을 보고 그것을 달성하기 위해 최선의 노력을 다했을 때 당신은 뛰는 사람 위에 나는 사람이 될 수 있을 것이다.

프로젝트 리더에게 한마디

과제에서 고민하는 사항은 대부분 상위 경쟁사에서 고민했을 가능성이 높다. 평소에 경쟁사와의 네트워킹을 강화하라. 적을 알고 나를 알아야 백전백승이 가능하며 이는 병법의 기본이다.

Chapter 5

진짜 문제가 맞나? (Analyze)

가설 수립, 미니탭을 이용한 통계적 검증, 각종 매트리스와 문제해결 Tool을 이용한 우선 순위 평가 및 Vital Few X 도출에 이르기까지 6시그마 교과서의 표준대로 다 했는데 현장에서는 이것을 보고 코웃음 친다. "겨우 그까짓 결론을 내려고 그렇게 힘든 작업을 했냐고…" 도대체 무엇이 잘못된 걸까?

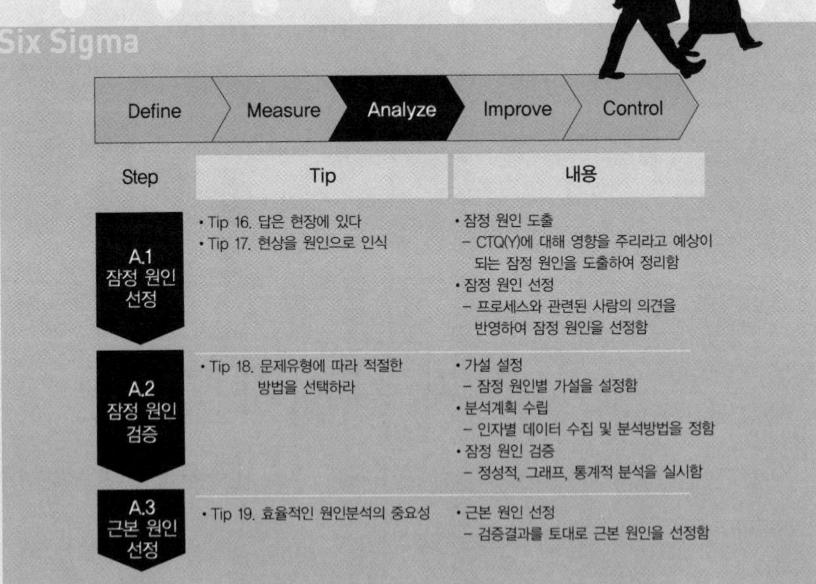

Step	Tip	내용
A.1 잠정 원인 선정	• Tip 16. 답은 현장에 있다 • Tip 17. 현상을 원인으로 인식	• 잠정 원인 도출 – CTQ(Y)에 대해 영향을 주리라고 예상이 되는 잠정 원인을 도출하여 정리함 • 잠정 원인 선정 – 프로세스와 관련된 사람의 의견을 반영하여 잠정 원인을 선정함
A.2 잠정 원인 검증	• Tip 18. 문제유형에 따라 적절한 방법을 선택하라	• 가설 설정 – 잠정 원인별 가설을 설정함 • 분석계획 수립 – 인자별 데이터 수집 및 분석방법을 정함 • 잠정 원인 검증 – 정성적, 그래프, 통계적 분석을 실시함
A.3 근본 원인 선정	• Tip 19. 효율적인 원인분석의 중요성	• 근본 원인 선정 – 검증결과를 토대로 근본 원인을 선정함

: TIP 16

답은 현장에 있다!

예전에 어떤 프로젝트를 진행하다가 프로세스 분석이 필요하여 해당 리더에게 Process Map을 상세히 그려볼 것을 권했고, 며칠 후 작성된 Process Map을 검증하기 위해 이를 현장 실무자에게 보내어 맞는지를 문의하였다. 그러나, 현장 실무자의 대답은 상위 프로세스는 대략 맞지만 하위 프로세스는 대부분 맞지 않다는 대답이었다. 즉 현장 실무자들은 프로젝트 추진팀에서 작성한 Process Map처럼 업무를 수행하기가 어렵다는 것이었다.

이에 프로젝트 추진팀을 즉시 소집하여 사유를 알아본 결과, 프로젝트 추진 팀원들은 Process Map을 회의실에 모여 앉아 전화를 해보면서 작성하거나 자신들의 경험과 지식만을 믿고 작성했던 것이다. 이들은 Process Map을 그리는 가장 기본적인 원칙인 '현장을 따라가면서 그리기'를 무시했던 것이다.

실제 6시그마 과제를 수행하는 많은 과제 수행자들이 가장 많이 사용하

그림 5-1. 본인의 주관과 경험으로만 현장을 그리는 모습

면서도 제대로 사용하지 못하는 분석 Tool이 Process Map이다. 때로는 시간이 없어서, 해당 Process의 오랜 경험과 지식을 갖고 있는 전문가라는 생각에 현장을 간과한 채 작성하며, 그 결과 실제 업무와는 별개인 Process Map이 그려지게 되는 것이다. Process Map을 작성하는 목적이 과제를 발굴하는 것이든 CTQ(Y)를 도출하는 것이든 원인을 찾는 것이든 개선 후의 Process를 작성하기 위한 것이든 반드시 현장에서 업무를 따라가보며 작성되어야 한다. 현장을 반영하지 못한 Process Map은 무용지물이며 극단적인 경우, 문제를 악화시키는 결과를 가져올 수도 있음을 항상 유의해야 한다.

이외에도 도출된 개선안을 실제 현장에 적용하기 힘든 경우가 있다.

이런 경우, 대부분의 원인은 현장의 의견을 충분히 청취하지 않고 현장을 간과한 채 자신의 지식이나 경험만을 믿고서 개선안을 도출했기 때문일 것이다.

예전에 진행했던 프로젝트 중에서 고객이 청약한 계약 건에 대해 인수심의를 담당하는 실무자들의 업무처리 시간을 개선하는 프로젝트가 있었다. 심의 담당자들의 업무처리 시간을 분석한 결과, 개인 간의 업무처리 시간에 있어서 산포가 상당히 컸다. 그래서 산포가 큰 주요 원인을 찾기 위해 현장을 찾아가 실제 업무를 수행하는 담당자의 처리방식을 면밀히 살펴봄으로써 다양한 개선안들을 찾을 수 있었고 결국 업무처리 시간과 품질을 동시에 상향 평준화시킬 수 있었다. 프로젝트를 수행하다 보면 간과하기 쉬운 것이 "내가 전문가인데", "직접 보지 않아도 당연한 내용인데"라는 것과 같이 현장은 외면한 채 결론을 내는 것이다.

'도요타' 기업의 도요타 생산방식을 만든 에이지 전 도요타 사장은 그

"현장에서 현물을 직접보고 현실(사실)을 바탕으로 결정한다."
현장
현물
현실

그림 5-2. 도요타의 3현 주의

룹의 사옥이나 공장 주변에 몇 그루의 나무가 심어져 있는지도 꿰고 있을 만큼 회사와 관련된 일들은 그 누구보다 많은 것을 숙지하고 있었다고 한다. 이는 시간이 날 때마다 사옥이나 공장을 찾아가 꼼꼼하게 살펴보았기 때문이다.

우리에게 알려진 선진사들을 보라. 그 기업들의 공통점을 살펴보면 그 기업이 제조회사이든, 금융회사이든 철저히 현장을 중시하는 기업문화가 정착되어 있다는 것이다. 국내외 지속성장을 이룬 기업들의 CEO들이 3현주의를 경영 모토로 삼고 현장순회를 정례화하는 이유는 충분한 시사점이 될 수 있을 것이다.

만약 지금 진행하고 있는 프로젝트가 잘 풀리지 않고 있다면, 지금 당장 현장에 가서 분석해 볼 것을 권한다. 주의해야 할 것은 자신이 갖고 있는 경험과 선입견은 버리고 Zero-base 사고로 현장을 바라보는 것이다.

프로젝트 리더에게 한마디

현장에서 현물을 보고 현실(사실)에 의한 판단을 하라.

: TIP 17

현상을 원인으로 인식

"우리 팀은 딱 두 가지만 문제야! 오펜스와 디펜스. 이것만 해결하면 우리 팀은 문제없어!"

어느 대학 농구팀 감독이 선수들을 모아놓고 했다는 말인데, 이 얘기는 우리 회사 6시그마 최종 발표회인 'Best Practice Collection' 에서 과제 리더가 영업현장 교육의 문제점을 지적하면서 위의 농담을 언급했다. 기존 영업교육 및 신인 육성의 문제점으로 교육과 멘토가 정확히 현장직원에 대해서 분석하고 Feedback을 해주어야 한다. 그저 최종 실적과 같은 현상만 가지고 따지려 하지, 근본적인 원인에 대한 지적과 개선 대책을 적절하게 수립하지 못하는 현실을 우회하여 표현한 것이다.

이는 비단 앞의 사례에만 해당되는 것이 아니라 6시그마 프로젝트도 마찬가지다. 회사 내에서 많은 프로젝트를 진행하다 보면 현상만 파악한 채로 위와 같은 형식적인 오펜스나 디펜스 같은 개선안을 도출하는 경우가 종종 있다. 이러한 과제의 개선안들은 근본 원인이라고 지적된 '현상'

들과 '동전 뒤집기식' 개선안이 허다하다. 예를 들어 '교육 부족-교육 강화', '매뉴얼 부재-매뉴얼 작성', '프로세스 미흡-프로세스 개선' 등으로 이런 개선안들을 열심히 실행해 봐야 실제로 나올 수 있는 효과는 미비할 수밖에 없다.

그렇다면 그저 겉으로 드러난 현상이 아닌 근본 원인을 찾아가는 방법은 무엇일까? 우선은 근본 원인이 될 수 있는 가능성을 가진 잠재 원인을 꼼꼼히 찾아내는 것이 중요하다. 바로 Fish Bone, 로직 트리, 연관도 등의 Tool이 잠재 원인을 뽑는 대표적인 Tool이다. 이러한 Tool들을 사용할 때 바탕에 깔려 있어야 할 사고방식이 중복되지 않고 누락이 없어야 한다는 MECE적 사고방식과 5Why를 통해 문제의 원인을 보다 깊게 파고들어야 한다.

이에 관한 방법은 Tip 18에 자세히 소개되어 있으니 이를 참조하도록 하자.

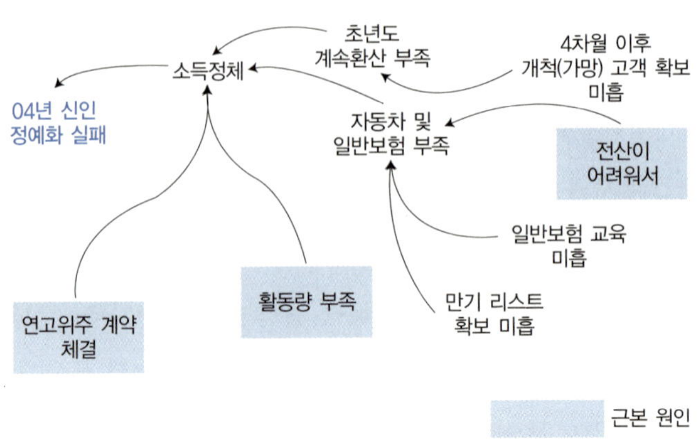

그림 5-3. 연관도 A

하지만 이러한 Tool 말고도 근본 원인을 밝혀내는 방법 가운데 연관도법이란 Tool을 소개하고자 한다. 영업 · 마케팅 관련 프로젝트를 진행하면서 과제 리더들에게 이 연관도법 사용을 자주 권하는 편인데, 이 연관도법은 딱히 Brainstorming을 강조하지 않아도 자연스럽게 서로 이야기가 도출되는 장점이 있다.

증원된 신입 영업 직원이 왜 고능률화에 실패했는지에 대한 근본 원인을 도출하기 위해 영업 현장의 워크그룹을 소집하여 〈그림 5-3〉을 작성했다. 이 연관도 상에서는 근본 원인들이 '연고위주 계약', '활동량 부족', '전산이 어려워서' 등이 근본 원인으로 지적되었다. 그러나, 사실 이런 보험영업을 하는 사람들이라면 이런 문제점은 누구나 알고 있는 현상에 불과하다. 이렇게 당연한 현상을 근본 원인으로 간주하게 되면 Improve 단계에서의 개선안 도출도 역시 뻔한 개선안이 나올 수 밖에 없다. 즉, 근본 원인 가운데 하나인 전산이 어려우니 이에 대한 개선안으로 전산교육을 늘리면 되는데 과연 이 개선안이 신입 영업 직원들의 매출을 올려줄 수 있을까?

다음 〈그림 5-4〉는 위의 연관도를 좀 더 보완하여 워크그룹 회의를 통해 심도 있게 분석한 사례이다.

연관도 A와 비교해 볼 때 좀 더 깊이 있는 대화를 통해 근본 원인이 무엇인지에 접근하려는 노력이 보인다. 연관도 B에서 보다 구체적인 토의를 통해 도출한 근본 원인으로는 '가망고객 확보 미흡', '소득향상 동기부여 부족', '본사 스킬 위주 교육' 등을 근본 원인으로 꼽았다. 이렇게 선정된 근본 원인을 통해 연관도 A보다 좀 더 구체적인 개선안 도출이 될 수 있다. 예를 들면 '가망고객 확보 미흡'과 관련해서는 CRM 분석자료를 통한

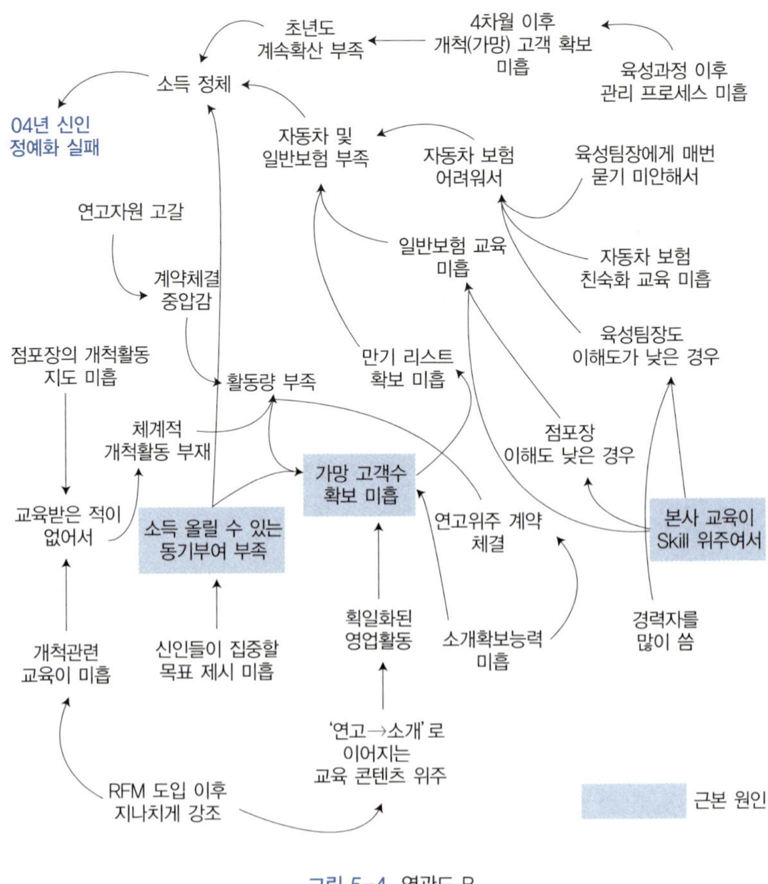

그림 5-4. 연관도 B

Up/Cross Sell 고객리스트 제공, '소득향상 동기부여 부족'과 관련해서는 육성팀장 면담을 통한 마인드 함양, '본사스킬 위주 교육'과 관련해서는 현장 경험이 풍부한 우수한 육성팀장 출신을 강사로 섭외하는 등의 현실적인 개선안들이 도출될 수 있는 것이다.

따라서 깊은 고민 없이 현상을 바로 직접적인 근본 원인으로 선택하는 것은 과제 리더가 표면적인 현상을 개선하겠다고 말하는 것과 똑같다. 이렇게 내놓은 개선안을 통해 프로젝트가 성공하길 빈다면 그것은 요행을 바라는 도박꾼들과 다를 것이 무엇이겠는가?

프로젝트 리더에게 한마디

현상(Y)과 근본 원인(X's)을 구별하라. 그리고, 근본 원인(root cause)을 찾기 위해 '왜'를 반복하라.

: TIP 18

문제유형에 따라 적절한 방법을 선택하라

6시그마를 추진한다고 해서 모든 문제를 통계적으로 해결해야 하는 것은 아니다. 아니 통계적으로 해결할 수 없는 경우가 오히려 더 많다. 물론 통계가 6시그마의 기반이라는 관점에서 볼 때, 통계적으로 분석하지 않고 문제의 원인을 찾아내는 것이 과연 진정으로 6시그마를 추진하는 것이냐고 반문할 수 있다. 하지만 현실 세계에서 벌어지는 다양한 문제를 해결하고자 할 때, 특히 제조업이 아닌 서비스업에서 문제를 해결하고자 할 때에는 통계적으로 문제의 원인을 분석하는 것이 적절하지 않을 때가 있다. 이럴 때에는 고도의 논리를 바탕으로 정성적으로 원인을 찾아내는 것이 더 유효하다.

시중에 나와 있는 6시그마에 관련된 책자나 방법론은 대부분 제조업을 기반으로 작성되어 있다. 사실 6시그마 방법론을 적용하기에 가장 적절한 상황은 바로 제조업에서 프로세스의 시작과 끝이 명확하게 정의되어 있다. 프로세스의 산출물에 영향을 미치는 요인은 공정과 직접적으로 관련

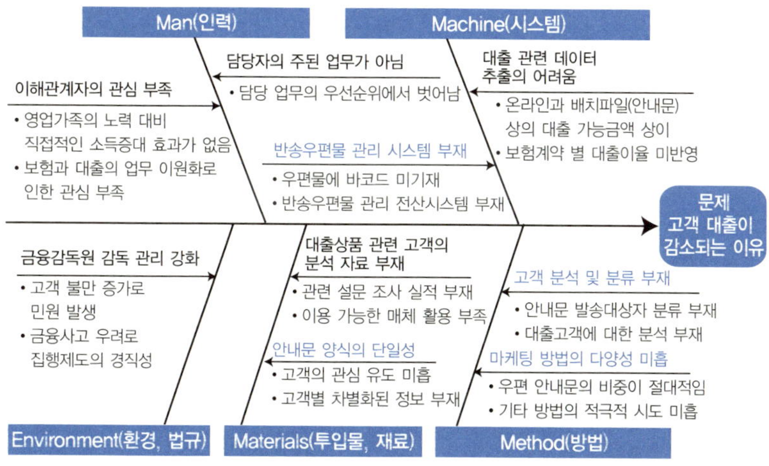

그림 5-5. 4M+1E 전개 사례

되어 있는 요인으로 한정되어 있고, 작업 조건은 지속적으로 측정된다. 이러한 상황에서는 제조업에서 문제의 잠재 원인을 찾아내기 위해 흔히 사용하는 4M1E(Man, Machine, Materials, Method and Environment) 등의 정형화된 방법론도 별도의 수정 없이 거의 그대로 사용할 수 있다. 또한 잠재 원인 중에서 근본 원인을 찾아내는 작업도 풍부하게 축적되어 있는 정량적인 데이터를 기반으로 통계적으로 처리할 수 있다.

하지만 현실 세계에서 이런 완벽한 상황을 맞기는 매우 어렵다. 단순해 보이는 하나의 문제지만 그 원인은 너무나 많은 요인들과 연관되어 있다. 경우에 따라서는 결과가 다시 원인에 영향을 미치기도 하고 요인 간에 서로 영향을 미치기도 한다. 또한 이러한 요인들의 변화와 관련하여 정확한 데이터가 축적되어 있는 경우도 드물다.

서비스업을 영위하고 있는 기업에서 나타나는 현상도 현실 세계와 유사

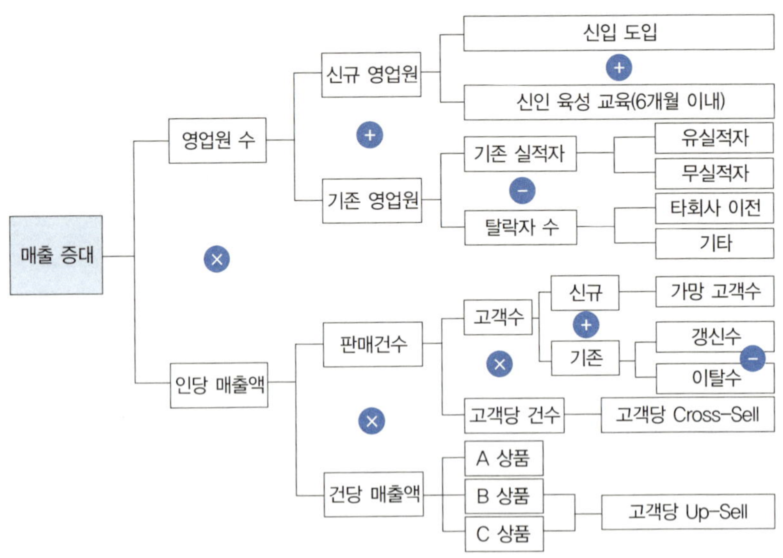

그림 5-6. 로직 트리(Logic Tree) 전개 사례

한 경우가 많다. 예를 들어 〈그림 5-6〉에서 매출 성장이 둔화되는 경우를 살펴보자. 매출 성장 둔화에 영향을 미치는 요인은 너무나 다양하다. 보험 상품을 파는 영업원의 수가 적어졌을 수도 있고 영업원 당 매출액이 떨어졌을 수도 있다. 만약에 영업원의 수가 적어졌다면 그 이유는 무엇일까? 영업원 증원 활동이 소극적으로 이루어졌을 수도 있고, 증원되는 영업원보다 이탈하는 설계사가 더 많을 수도 있다. 그럼 왜 증원되는 영업원보다 이탈하는 영업원이 더 많을까? 그 원인은 영업원에 대한 수당수수료가 이전보다 덜 매력적이거나 영업원에 대한 관리가 예전보다 느슨해진 탓도 있겠지만 근본적으로는 매출이 잘 안 이루어지기 때문일 수도 있다. 매출 성장이 둔화되는 문제의 원인을 찾아내고자 영업원 수의 문제를 파고들었는데, 매출성장의 둔화 자체가 영업원 수 감소의 원인이 되는 것으로 드러

날 수 있다.

이처럼 서비스업의 경우에는 하나의 문제에 원인이 다양하게 연계되어 있고, 원인과 결과가 서로 영향을 미치는 다이내믹한 관계가 많이 나타난다. 또한 이런 상황에서 치명인자를 파악하기 위한 분석을 통계적인 검정 방법만으로 수행할 수는 없다. 수많은 요인의 변화에 대해 데이터가 축적되어 있는 경우가 많지 않기 때문이다. 예를 들어 매출에 영향을 미치는 근본적인 요인이 설계사의 영업력이라고 할 때 영업력은 측정하기가 매우 어렵고, 이에 대한 데이터도 축적되어 있지 않다.

이러한 상황에서 6시그마의 기본 원칙과 개념, 방법론을 고집하는 것은 현명하지 못하다. 그 업계에 있었다면 누구나 상식적으로 알 수 있는 원인을 파악하기 위해 무리하게 통계적으로 분석할 필요는 없다. 또한 데이터가 있는 요인만으로 검정을 하고 해결책을 입안해서도 안 된다. 이런 작업을 요구하면 6시그마에 대한 거부감만 만들어낼 뿐이다. 따라서 서비스업에서는 6시그마를 보다 유연하게 적용할 필요가 있다. 문제의 원인을 찾기 위한 분석 작업을 할 때, 6시그마의 기본 취지는 살리되 업의 특성을 감안한 탄력적인 접근이 필요한 것이다.

서비스업에서 원인을 찾아내기 위한 가장 유효한 도구로는 '로직트리'가 있다. 로직트리는 분석하고자 하는 하나의 이슈를 분해해 각 요인 간에 MECE 관계가 되도록 논리적으로 정리해 나가는 툴이다. 앞에서 소개한 4M1E 툴이라는 것도 제조업 공정의 잠재 원인 분석에 맞도록 개발된 정형화된 로직트리의 하나라고 볼 수 있다. 서비스업에서는 4M1E와 같은 정형화된 툴보다는 보다 유연하게 상황에 맞추어서 활용할 수 있는 로직트리가 훨씬 더 유용하다. 또한 이 로직트리라는 것은 모든 문제를 해결하는

MECE(mutually exclusive and collectively exhaustive)
중복되지 않고 상호 배타적이며 합이 전체가 될 수 있는 요소의 집합을 의미함

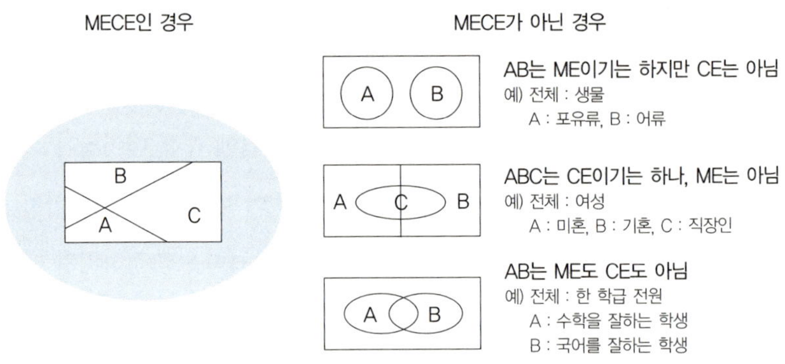

그림 5-7. MECE에 의한 로직 트리 전개

※ 로직 트리는 여러 가지 방법으로 작성할 수 있으나, 특히 1, 2단계를 어떤 내용으로 구분할 것인지가 제일 중요함.
따라서, 로직 트리가 순조롭게 전개되지 않을 경우에는 다른 항목으로 재작성해 볼 필요가 있음.

그림 5-8. MECE에 의한 로직 트리 전개 사례

문제를 정의하고 근본 원인에 이를 때까지 왜 이러한 문제가 발생했는지를 묻는 기법

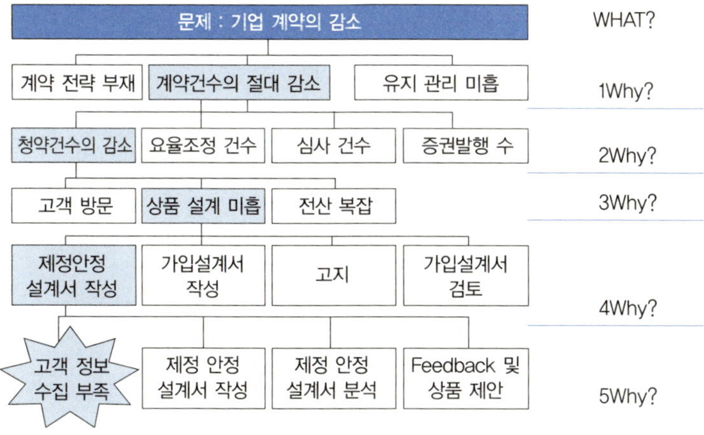

그림 5-9. 5Why 작성 사례

데 있어서 문제의 구조를 파악해서 논리적으로 접근할 수 있게 해주는 너무나 강력한 툴이므로 그 활용법을 철저하게 익히는 것이 좋다.

서비스업에서 원인을 찾아내기 위해 활용되는 또 다른 방법론은 '5Why' 이다. 5Why는 문제의 근본 원인을 밝혀내기 위해서는 다섯 번 정도 '왜' 하고 물어봐야 한다는 관점에서 만들어진 툴이다.

5Why는 해결책의 입안이 가능한 수준의 근본 원인이 파악될 때까지 문제를 끝까지 물고 늘어지는 것인데 〈그림 5-9〉 사례를 보면 기업 계약 건수가 감소되고 있는 이유를 반복하여 되물은 결과 '고객정보' 가 부족하다는 원인을 도출했다. 이러한 로직 트리나 5Why 방법론의 문제점은 분석한 사람이 실력과 경험에 따라 그 내용의 깊이와 유용성이 천차만별이라는 점이다. 따라서 평소에 문제의식을 갖고 다양한 이슈에 대해 로직 트리나 5Why 방법론은 활용한 훈련을 의식적으로 반복함으로써 문제해결 역

량을 높여나가야 한다.

지금까지 서비스업에 유용하다고 소개한 몇 가지 방법론은 통계적인 도구는 아니지만 서비스업에서 6시그마를 추진할 때 꼭 필요한 툴이다. 다만 유의해야 할 점은 이러한 방법론을 활용할 때에도 근본 원인인지의 여부는 가능한 데이터에 근거해서 판단해야 한다는 것이다. 상황에 맞게 방법론은 적용하되 데이터에 근거하여 원인을 밝혀낸다는 6시그마의 근본 취지는 잊지 말아야 한다.

프로젝트 리더에게 한마디

6시그마라고 해서 반드시 데이터에 의한 분석이 전부는 아니다. 문제 유형에 따라 정성적 분석 Tool들을 적절히 활용하라.

: TIP 19

효율적인 원인 분석의 중요성

6시그마의 Analyze 단계의 핵심 Keyword는 '근본 원인'(root cause) 임을 부정할 수 없을 것이다. 이를 위해 6시그마에서는 일반적으로 문제를 야기시키는 가능한 잠재 원인들을 모두 도출하고 다양한 분석 Tool들로 검증하여 문제의 근본 원인을 찾는다. 제조업의 경우, 이러한 근본 원인을 찾기 위해 통계적인 분석이 매우 유용하게 활용될 수 있으나, 금융서비스업의 경우는 통계적인 분석보다 프로세스 맵(Process Map) 분석을 통한 장애요인(Bottleneck) 도출이나 로직 트리를 활용한 심층 분석이 더 유효할 때가 많이 있다. 또한 문제의 근본 원인을 찾는 단계에서 발견된 즉시 해결이 가능한 원인들은 즉시 조치를 취하여 개선함으로써(Quick-win 프로젝트) 문제의 근본 원인을 찾는 데 힘을 집중시켜야 한다.

프로젝트를 처음 하는 리더라면 잠재 원인에서 근본 원인을 도출할 때 원인의 범위 또는 깊이를 어느 정도로 잡아야 할지 한 번쯤은 고민해 보았을 것이다. 원인의 범위를 너무 넓게 잡으면 의미가 두루뭉술해져 그 의미

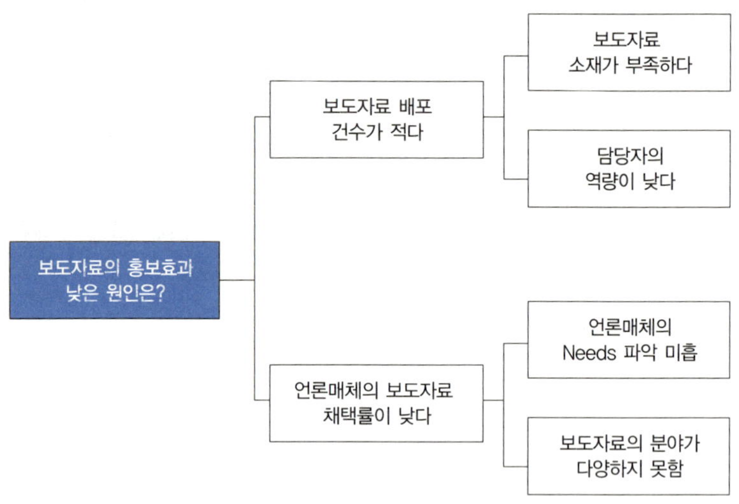

그림 5-10. 원인의 범위를 크게 잡은 경우

가 구체적으로 문제에 어떻게 영향을 미치는지 알기가 어려워 결국 다시 그 원인들을 작은 하부 단위로 전개하는 경우가 발생한다.

반대로 잠재 원인들이 너무나 작은 범위로 도출된다면 그 수가 많아져, 이들 각 원인들과 문제와의 영향 정도를 파악하고 검증하는 데 너무나 많은 시간이 소요돼 어쩌면 주어진 프로젝트 수행기간 내내 원인만 검증하다 끝날 수도 있을 것이다. MBB로서 프로젝트를 직접 수행하거나 멘토링하면서 이런 경우를 많이 접해 보았다.

위와 같은 사례들을 경험하며 내린 결론은 원인의 범위를 크게 잡는 것보다는 잠재 원인들이 누락되지 않도록 범위를 작게, 세밀하게 잡는 것이 좋다는 것이다. 또한 도출된 잠재 원인들의 검증은 프로젝트 수행기간, 비용 등과 같은 다른 제약 요인들을 고려하여 원인들을 동일한 특성으로 그룹핑해 검증하는 것이 효율적이다.

Analyze 단계에서 저지르기 쉬운 또 하나의 비효율적인 요소는 통계분석을 통해 검증해야만 치명인자로 인정이 된다는 선입견이다.

그동안 6시그마를 도입한 기업들이 초기에 저지르기 쉬운 오류들 중 하나는 정량적 · 통계적인 원인분석 및 검증보다는 정성적 · 직관적 분석으로 잠재 원인들과 근본 원인들을 도출해 온 것이다. 그러다 보니 정성적인 분석 방법은 신뢰하기 어렵거나, 객관적이지 못하고 잘못된 분석방법으로 호도되어 6시그마 프로젝트를 추진하는 사람들로 하여금 통계적 분석 Tool의 남용과 오용을 불러온 것이 사실이다. 그러나 6시그마 프로젝트들 중에서 많은 부분은 데이터 또는 통계적 분석 없이 담당자의 오랜 경험과

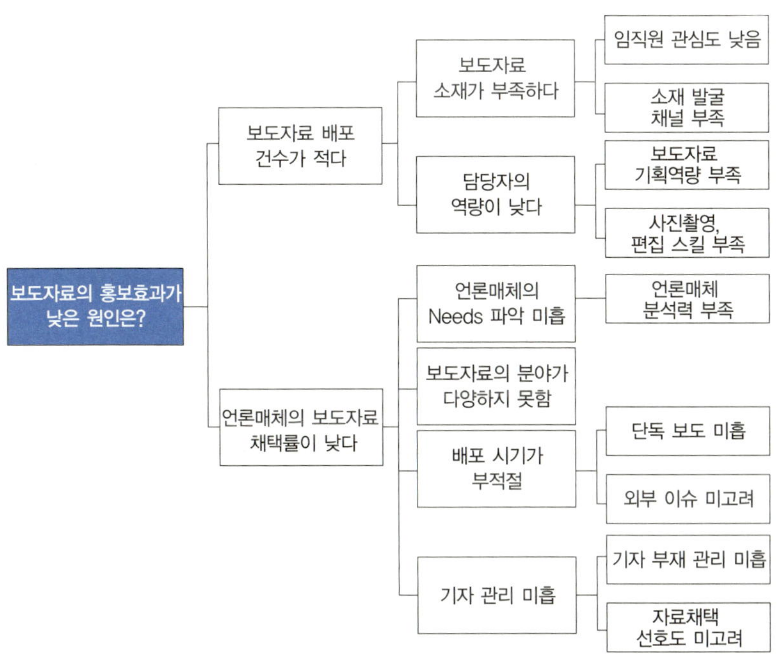

그림 5-11. 적절한 범위의 원인들로 그룹핑

A-2.2. 잠재인자 검증 / 중복서류 발생(X1)

중복서류가 발생함에 따라 문서보관량이 증가함을 알 수 있음.

귀무가설(H0) 중복서류 수는 문서 보관량과는 무관한다.
대립가설(H1) 중복서류 수는 문서 보관량과는 관련성이 있다.

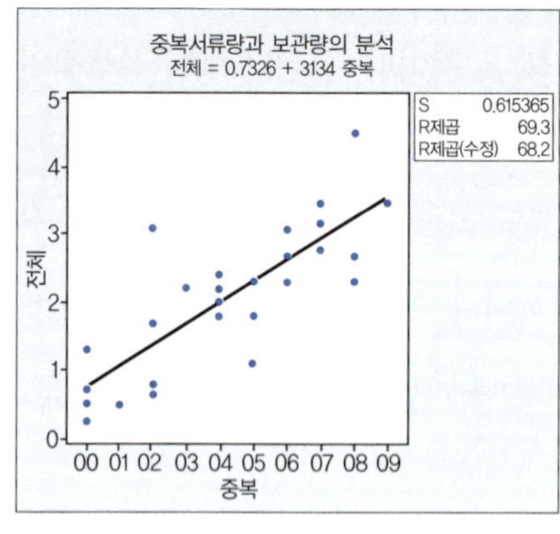

상관 분석 :
전체와(과) 중복의 Pearson 상관 계수 = 0.833
P-값 = 0.000

※데이터 분석 결과 P값이 0.000으로 대립가설을 채택함에 따라 상관관계가 있음을 알 수 있음.

그림 5-12. 통계분석 남용사례

통찰력에 의해서 잠재 원인들이 도출될 수 있다는 것이다.

6시그마 프로젝트를 수행하는 사람들이 저지르기 쉬운 잘못 중의 하나는 문제들 중에서 그 원인이 너무나 분명해 별다른 데이터 분석이 필요 없음에도 불구하고 불필요한 데이터수집과 통계적 분석을 실시하여 6시그마 프로젝트처럼 꾸미는 요식행위를 저지르기도 한다는 것이다. 〈그림 5-12〉를 살펴보자. 본 사례는 '문서관리 효율화를 통한 업무생산성 향상' 이라는 프로젝트인데, 중요한 문제로 대두되었던 것이 문서의 보관량이 증가하고 있는 것이었다.

프로젝트 리더와 팀원들은 오랜 경험과 담당자와의 인터뷰를 통해 중복서류들이 문서 보관량을 증가시킨다는 사실을 알아냈으나, 6시그마 프로젝트답게(?) 보이기 위해 불필요한 데이터를 수집하고 그림에서 보는 바와 같이 상관분석을 실시하여 검증을 했다. 중복 서류가 많다는 것이 문서 보관량을 증가시키는 것은 아주 당연한 일인데 이런 가설을 굳이 불필요하게 데이터까지 수집하여 상관분석을 할 필요가 있었느냐는 얘기다.

6시그마 프로젝트 가운데 사실 이런 의미 없는 통계분석으로 인해 6시그마가 불필요한 요식 행위와, 보고 장표 놀음이라는 지적을 많이 받기도 한다. 프로젝트를 추진함에 있어 그 성과로서 비효율적인 프로세스를 개선하거나 업무의 효율을 높이는 것도 중요하지만 프로젝트를 수행하는 방법과 절차상의 효율을 높이는 것 역시 매우 중요하다. 6시그마가 제조업에서 시작되어 통계 base로 진화해 온 것은 사실이나 위 사례에서처럼 통계분석이 모든 경우에 효과적인 것은 아니다.

많은 사례를 접해 보면서 느낀 것은 Case by case로 목적에 부합하는 분석이 중요하며 특히, 문제의 개선과 더불어 전사적인 변화관리를 위한 경영혁신 방법론으로서 6시그마를 도입하려는 기업은 고민하고 또 고민해야 할 부분이라고 생각한다.

프로젝트 리더에게 한마디

통계분석만이 전부가 아니다. 정성적 · 직관적 분석도 적극 활용하라.

Chapter 6

과연 개선될 수 있다고 확신하는가? (Improve)

근본 원인에 맞는 각각의 개선안을 도출하여 실행하고 있다. 실무자를 만나 협조도 당부하고, 현장 교육도 시키고, 각종 캠페인과 이벤트도 전개하였다. 그런데 지표가 개선될 기미가 안 보인다.
"이대로 가면 원했던 효과가 기대에 못 미칠 것이 뻔한데… 어떡하지?"

Six Sigma

Define > Measure > Analyze > **Improve** > Control

Step	Tip	내용
I.1 개선 아이디어 도출	• Tip 20. 쉽게 배우는 노하우 – 외부 벤치마킹 • Tip 21. 숨겨진 Best Practice – 내부 벤치마킹 • Tip 22. 창의적 아이디어 도출에 고민하라	• 근본 원인 특성 구분 – 대안, 제어인자로 구분하여 아이디어 도출 전략을 작성 • 개선 아이디어 도출 – 인자 특성에 따라 대안 도출 또는 인자의 최적 수준을 결정함
I.2 개선안 선정		• 개선 아이디어 평가 – 정량, 정성 평가를 통해 우선 순위, 최적 대안 선정 • 개선안 구체화 – 아이디어의 구체화 작업을 통해 최적 개선안 도출
I.3 최적개선안 실행	• Tip 23. 프로젝트의 엔진 – 실행력	• 실행계획 수립 – 개선안의 전면적인 적용, 시범 적용 여부를 판단하여 실행계획을 수립 • 실행 – 수립된 실행계획에 따라 개선안 Pilot 실행 • 효과 검증 – CTQ(Y) 개선효과, 체질개선 효과, 재무 효과 파악

: TIP 20

쉽게 배우는 노하우 – 외부 벤치마킹

"새로운 것은 없다. 다만 새로워 보일 뿐…"

그렇다. 하늘 아래 새로운 것은 없다고 하지 않았는가? 어쩌면 우리는 벤치마킹(Benchmarking)을 통해 학습하고 성장하며 그리고 새로워 보이는 것을 만들어내고 있는지도 모른다.

도대체 '벤치마킹'이란 무엇일까? 사실 벤치마킹의 사전적 의미는 기준점, 수준의 뜻을 가지고 있다. 하지만 요즘은 그 기준점을 모방하여 따라 하는 어떤 행위로 이야기하고 있다. 벤치마킹에 일가견이 있는 제록스의 컨스 회장은 "힘든 경쟁 상대나 또는 우수업체라고 인정되는 기업들과 비교하여 생산 · 서비스 · 업무 등을 평가하는 지속적인 과정"이라고 벤치마킹을 정의하였다. 매우 꼼꼼히 학술적으로 잘 정의된 표현이다. 또 GE의 잭 웰치회장은 '합법화된 표절'이라고 정의하였다. 그의 성격대로 명쾌하고 간결하게 잘 표현한 말이다. 두 사람의 말을 요약하자면 잘 나가는 기업을 지속적으로, 또 합법적으로 따라 하는 행위라고 정의할 수 있다.

벤치마킹으로 성공한 기업들이 많아지자 최근에는 벤치마킹이 관심의 대상이 되고 6시그마의 주요 Tool로 포함되게 되었다.

그렇다면 도대체 누가 제일 먼저 벤치마킹을 시작했을까? 그것은 아마도 인류가 아직 원숭이었던 시절, 원숭이 중 누군가가 최초로 대지 위에 두 다리만 가지고 힘겹게 섰을 것이다. 그리고 그를 따라 한 두 번째 원숭이, 그는 인류 역사상 처음으로 벤치마킹을 시작한 원숭이며 그들은 더 이상 원숭이가 아닌 오스트랄로피테쿠스로 불리는 인류가 되었다. 이렇게 인류의 역사와 함께 시작된 벤치마킹이 현 시대에 적용되기 시작한 것은 바로 '제록스사'가 아닐까. 1980년대 이후, 자신의 회사 제품 제조원가밖에 되지 않는 가격으로 판매를 시작한 일본 복사기 제조업체를 분석했다. 그리고 그들을 모방하기 시작하면서 '제록스'는 다시 일어설 수 있었고 이때부터 현대적 의미의 벤치마킹이 시작되었다고 한다.

벤치마킹은 대상에 따라 내부 벤치마킹과 외부 벤치마킹으로 나눠볼 수 있는데 여기에서는 외부 벤치마킹을 중심으로 살펴보기로 하자.

외부 벤치마킹은 말 그대로 자사가 아닌 우수한 타사를 대상으로 삼는 것이다. 좀 더 들어가 보면 외부 벤치마킹도 같은 산업군에 있는 경쟁사를 대상으로 할 것인지, 전혀 다른 산업군에 있는 타 업종 기업을 벤치마킹할 것인지로 나눠질 수 있다. 경쟁사 벤치마킹은 일단 자사와 바로 비교할 수 있는 데이터의 획득이 용이하고 업무 · 프로세스의 비교가 바로 될 수 있는 장점이 있다. 하지만 벤치마킹의 심도에 따라 법률적, 윤리적 문제를 야기할 수 있고 경쟁사의 태도에 따라 구할 수 있는 데이터가 한정되어 있다는 단점도 존재한다.

외부 벤치마킹	대상	내용	장점	단점
경쟁사 벤치마킹	같은 시장, 고객을 타겟팅하는 경쟁사	상품, 프로세스	• 비교 용이 • 정보수집 스킬, 경험 축적	• 상세 정보 수집 곤란 • 윤리, 법률적 문제
타 업계 벤치마킹	초일류 프로세스를 갖춘 조직	프로세스	• 혁신 아이디어 도출 가능성이 큼 • 정보 획득 용이	• 자사와 상황이 달라 적용 곤란 • 적용 시 시간이 오래 걸림

그림 6-1. 외부 벤치마킹 비교

이에 반해 타 업계 벤치마킹은 경쟁산업 내 Game Rule까지도 바꿀 수 있는 혁신적인 개선안 도출도 가능하다는 장점이 있다. 그러나 당장 무엇인가를 바꿀 수 있는 개선안 도출에는 시간이 걸린다는 것과 타 업계 내용을 적용하는 데에는 한계가 있다는 단점도 있다.

경쟁사 벤치마킹, 타 업계 벤치마킹 둘 중 어느 것이 쉽고 좋은지는 그때 그때의 상황에 따라 다르다. 또한 어느 산업군에 속해 있는지에 따라서도 벤치마킹의 난이도가 다르다. 필자의 경우 전자제조업과 금융보험업에 모두 근무해 본 경험이 있어 이를 비교해 보면 전자제조업의 경우가 경쟁사 벤치마킹이 대단히 어렵다고 말할 수 있다. 경쟁사 내부 프로세스 등을 벤치마킹하는 것 자체가 쉽지 않고 잘못하면 산업스파이로 몰릴 수도 있다. 상품 자체를 벤치마킹하는 것도 시중에 나와 있는 것을 할 수밖에 없어 Time to Market이 생명인 전자업계에서는 큰 의미가 없을 수 있다. 또 특허 문제가 발생할 수도 있다는 것 때문에 경쟁사 벤치마킹이 쉽지 않은 이유이기도 하다. 하지만 보험업계는 상호 간의 벤치마킹이 상당히 빈번하게 일어나고 있다. 상품의 차별성이 크지 않고 감독 기관에 대한 공동 대응 등의 이슈가 많은 산업의 특징 때문인 것으로 판단된다. 이러한 업종에서는 경쟁사 간 벤치마킹을 활발히 진행해서 업계 · 시장의 변화에 뒤처지지 않는 것이 중요하다.

하지만 금융보험업의 타 업계 벤치마킹 활용은 제조업에 비해 그 활용도가 상당히 낮다. 제조업의 경우 산업의 구분없이 프로세스 벤치마킹이 대단히 활발하다. LG전자는 자동차업종인 Toyota의 TPS(Toyota Product System)를 벤치마킹하여 전자업종에 적용, DMS(Digital Manufacturing System)를 만들어 활용하기도 했다. 이에 비해 금융보험업은 타 업계 벤치마킹의 활용이 상당히 인색하다. 구성원의 시각 자체가 금융과 제조는 다르다는 인식이 뿌리 깊기 때문이다. 하지만 벤치마킹이 지니고 있는 최고의 가치는 자사의 조직이 최고 효율의 프로세스로 운영될 수 있도록 하는 것이다. 최고 효율의 프로세스로 운영되어 고객에게 제공될 수 있는 가치가 커진다면 타 업계 벤치마킹을 마다할 이유가 없을 것이다.

그렇다면 이제 어떻게 해야 벤치마킹, 특히 외부 벤치마킹에 성공할 수 있을까? 어떤 준비를 해야 벤치마킹이 성공할 수 있을 것인가? 생각하기가 좀 힘들다면 역발상을 해보는 것도 좋다. 혹시 진행했던 벤치마킹이 실패했다면 그 원인을 찾아본 적이 있는가?

첫째, 가장 중요한 조건이 마인드에 있다고 생각한다. 바로 긍정적이고 따뜻한 오픈된 마인드의 부재가 벤치마킹을 실패로 몰고 가는 큰 요인으로 생각된다. 이것은 기본적으로 벤치마킹을 부끄럽다고 생각하기 때문이다.

"더 좋은 아이디어를 표절하라. 그것은 합법적이다. 오늘 우리가 생각할 수 있는 것에 대해서는 분명 어딘가에 더 좋은 생각을 가지고 있는 사람이 있을 것이다." GE 잭 웰치의 말이다. 실제로 GE는 크라이슬러와 캐넌으로부터 NPI를, TOYOTA로부터 JIT를, 모토로라부터 6시그마를 배웠고 오히려 더 창조적으로 발전시켰다. 벤치마킹을 부끄럽게 생각할 필요는 절대 없다.

하지만 오픈된 마인드를 갖기란 말처럼 쉽지 않다. 특히 덩치가 크고 여러 조직을 거느린 대기업의 구성원일수록 그리고 경력직 직원보다는 자사 공채 출신 직원을 선호하는 순혈주의가 흐르는 기업일수록 더욱 그러하다. 그러다 보니 타 업종의 훌륭한 사례에 대해 자사에서는 이러이러한 부분 때문에 안 된다는 방어적인 태도가 많아 타 업계 벤치마킹이 쉽게 진행되지 않는 경우가 많다. 타 업종뿐 아니라 경쟁사의 우수사례에 대해서도 마찬가지다. " 이런 것은 우리한테 맞지 않아" 하는 사고는 우리 회사의 발전을 막는 것이다. 벤치마킹은 Copy가 아니라 학습이다. 구하기 힘든 세세한 자료까지 얻으려는 생각은 벤치마킹이 아니라 Copy다. 지구 상에 존재하는 어떤 회사도 우리와 똑같지는 않다. 배워서 활용하겠다는 바깥 세상에 대한 오픈된 마인드가 꼭 필요하다.

실례로 회사에서 보상관련 지표관리 시스템을 구축하면서 벤치마킹 대상으로 삼은 것이 데이터로 움직이는 가장 대표적인 스포츠인 '프로야구'였다. 요즘의 프로야구 TV 중계방송을 보자. 예전에는 타석에 들어설 때 그 타자의 타율, 홈런 개수 정도의 정보만 알려주는 정도가 고작이었다. 하지만 이제는 이 타자의 좌완투수 상대이면서 주자 2, 3루 시 타율, 타구 방향의 산포 등이 제공된다. 게다가 포털사이트에 들어가면 우리가 생각하지 못했던 다양한 개인 데이터가 제공된다. 회사의 보상관련 지표시스템도 이것에 착안하여 각종 층별 기준에 따른 보상직원의 행동 양식을 데이터화하려는 시스템을 구축하고 있다.

둘째, 벤치마킹 실패요인으로는 형식만 배우고 그 안에 녹아 있는 정신은 배우지 않는다는 것이다. 세계적인 벤치마킹 대상이 되고 있는 도요타자동차의 공장장이 이런 말을 한 적이 있다고 한다. "많은 업체들이 와서 JIT다, 낭비제거다 해서 배워가지만 나는 그들이 과연 성공할 수 있을까 의구심이 든다. 그들이 정말로 배워가야 할 것은 도요타 구성원의 마음가짐이다. 가난한 장사꾼의 마음가짐, 마른 수건도 다시 짠다는 정신을 배워가야 한다." 제도와 방법론에 담겨 있는 기본사상을 이해하지 못하고 형식만 벤치마킹한다면 실패할 가능성이 농후하다.

셋째, 중요한 부분은 벤치마킹의 주체이다. 반드시 혁신을 실제 수행하는 담당자들이 주체가 되어 상대방을 보고 배우도록 해야 한다. 남이 만들어 갖다 준 것이 논리적으로 타당하여 이해는 할 수 있겠지만 감성적으로 마음에서 우러나게 동의하지 않는다면 결코 자기 것이 될 수 없을 것이다. 물론 그들이 겉으로는 "우리는 상황이 달라서 적용할 수 없어!"라고 외칠 수도 있지만 마음 한구석에서는 동요가 일어날 것이다. 실제 실행할 담당자들로 하여금 우수한 것이 무엇인지 직접 느끼도록 해야 벤치마킹이 성공할 수 있을 것이다.

넷째, 경쟁사의 것을 그대로 Copy하기보다 새로운 차별화 요소를 발견하고 추가함으로써 고객 가치를 높이는 노력이 필요하다. 그리고 그것을 끊임없이 혁신함으로써 최고가 될 수 있도록 하는 데 참다운 벤치마킹의 의미가 있다.

타인의 것을 배워 내 습관을 바꾸는 것은 결코 쉽지 않다. 그렇기 때문에 벤치마킹은 일회성 작업으로 끝나서는 안 되며 지속적인 모니터링 작업을 통해서 학습 및 체질화해 나가는 과정을 계속해 나가야 한다. 그리고 벤치마킹은 결코 부끄러운 일이 아니니다. 대지 위에 서 있는 원숭이를 보고 따라 하는 것이 부끄럽다고 생각되었다면 지구 상에 인류가 존재할 수 없었을 것이다.

혁신사무국에 한마디

벤치마킹이 부끄럽다는 생각을 갖지 않도록 적극 권장하고 벤치마킹에 임할 때 오픈된 마인드를 갖도록 유도하라.

: TIP 21

숨겨진 Best Practice 찾기 – 내부 벤치마킹

벤치마킹에는 외부 선진사와 경쟁사를 대상으로 하는 외부 벤치마킹과, 회사 내부의 Best 조직 및 개인, 프로세스를 대상으로 하는 내부 벤치마킹으로 나눌 수 있다. 장단점을 살펴보면 외부 벤치마킹은 Target 기업의 협조를 구하지 못한다면 깊이 있는 벤치마킹이 힘들고, 피상적인 내용만으로 흐를 가능성이 매우 크다. 이와는 달리 내부 벤치마킹은 사내의 Best 조직이나 직원의 역량과 노하우, 스킬을 손쉽게 자세히 배울 수 있어 문제를 개선하는 방법으로 매우 효율적이며 효과적이다.

금융 및 보험과 같은 인지산업에서는 내부 벤치마킹이 굉장히 효과적일 수 있는데 다음 사례가 그 좋은 예가 될 수 있을 것이다.

홍 과장은 보상팀의 스탭으로 2007년 인당보험금 개선 과제를 수행하던 중, 현장의 보상 실무자들의 합의 소요일수가 치명적인 인자임을 알고 이를 개선하고자 분석하던 중 보상실무자 개개인별 환자와의 협상 스킬이 제각각이고 체계적이지 못한 것을 간파하였다. 이에 경쟁사 중에서 보상

실무자들의 역량이 뛰어나다고 알려진 A사를 벤치마킹한 후 A사의 보상 프로세스를 적용하려고 하였으나 경쟁사의 내부 기업환경 및 조직문화, 시스템의 차이로 인해 도저히 적용하기 힘든 상황이었다. 그래서 과제 리더인 홍 과장은 회사 내부 보상실무자 중 협상 스킬이 뛰어나고 합의소요시간 실적이 좋은 실무자들을 찾아 인터뷰를 실시해 그들의 보상 절차와 노하우들을 수집, 정리하여 표준화하고 매뉴얼을 제작했다. 그후 체계적인 교육 프로그램을 개발하여 평균 합의 소요일수를 크게 개선했다.

일본 자동차보험회사인 네츠도요타 교토는 우수 영업사원과 부진 영업사원 간에 상당한 매출 격차가 발생하는 것을 개선하고자 영업의 주요 항목을 정의하고 영업사원들의 역량 수준을 평가했다.

〈그림 6-2〉에서 색칠한 부분이 특히 우수 영업사원과 부진 영업사원 간의 편차가 크게 발생하는 항목이었고 이를 개선하고자 우수 영업사원들의 노하우와 스킬, 전문지식 및 마인드 등을 집중 분석하여 영업 표준업무를

영업요소		역량 수준(Level)				
		1	2	3	4	5
신규계약 확보	상담 시작 시 상품 제안		개선			
	타사 계약 만기 정보 획득					
기계약 유지	고객 관련정보 획득					
	정기적 고객 Touch					
사고 대처	사고대처 방안 숙지					
	즉각 대응 가능					

그림 6-2. 네츠도요타 교토의 내부 영업역량 수준 진단
자료출처: 삼일 PWC

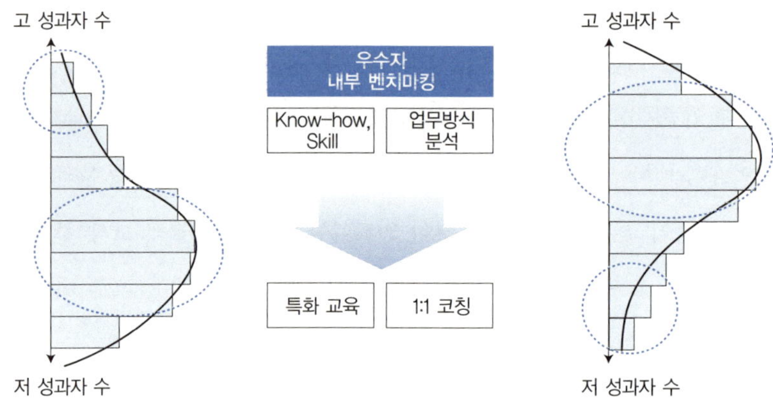

그림 6-3. 영업활성화 프로그램

정의했다. 그러나 더욱 중요한 것은 앞서 정의한 표준업무를 어떻게 부진 영업사원들에게 전파하고 내재화하느냐는 것이었다. 이에 네츠도요토 교토는 교육 프로그램을 지식전달 방식과 행동체험 방식으로 특화하였고, 교육 대상에 따라 집단교육과 1:1 코칭 방식을 병행함으로써 성공적으로 전파할 수 있었다. 이런 영업활성화 프로그램(SEP: Sales Enhancement Program)은 내부 벤치마킹의 전형적인 사례로 컨설팅업체에서 많이 활용되고 있다.

위의 두 사례에서 내부 벤치마킹 성공 요인은 무엇이었을까?

이를 정리해 보면,

1. 당면 문제에 따라 적절한 벤치마킹 대상을 선정하라.

당면 문제에 대한 해결 아이디어가 도저히 떠오르지 않을 때, 우리는 종종 경쟁사나 선진사의 해결사례를 찾지만, 의외로 내부에도 이와 유사한 문제를 훌륭히 해결한 사례가 있을 수 있다. 만약 당신이 내부에서 해결사례를 찾을 수 있다면, 이는 단기간에 즉시 적용할 수 있는 해결 아이디어가 될 가능성이 크다. 왜냐하면 외부 벤치마킹을 통해 얻은 아이디어는 당신의 기업환경에 맞게 Customizing하는 과정이 필요하기 때문이다. 이런 과정 속에 예상치 않은 비용과 시간이 소요되기도 하므로 특히, 임직원의 업무추진 방식이나 스킬 개선과 관련된 문제는 내부의 Best 인력을 적극 벤치마킹하는 것이 좋다.

보험 · 금융 산업은 인지산업이라고 불릴 만큼 직원의 역량에 따라 업무 성과는 상당히 큰 차이가 날 수 있다. 사람에 의해서 추진되는 업무가 많다 보니 동일한 업무라도 직원에 따라 추진하는 방법이 다르고 다른 업무 추진방식에 따라 나타나는 성과 역시 차이가 날 수 밖에 없는 것이다. 이 중에 우수한 성과를 창출하는 인력과 조직의 노하우와 스킬은 동일한 기업환경 하에 있는 사람들에게는 훌륭한 스승이나 지표가 될 수 있다.

2. 벤치마킹 내용은 장기 실행안과 단기 실행안으로 구분하여 추진하라.

내부 벤치마킹은 Best 인력의 노하우나 스킬에 대한 내용인 경우가 많고 이들에 대한 노하우는 단기간에 배우기 어려운 경우가 많다. 이럴 땐 단순히 교육을 통해서 배우고자 한다면 백이면 백 실패할 가능성이 높다. 이들의 노하우나 스킬은 작은 단위로 쪼개어 점진적으로 전파하고자 하는 인력과 조직에 내재화하는 방향으로 추진되어야만 실패의 확률을 줄일 수 있다.

3. 시상을 적극 활용하라.

내부 벤치마킹의 대상이 되는 우수 인력들은 그들의 노하우나 스킬을 부진 그룹들에게 전파만 하고 아무런 시상이 없다면 어느 누가 자신의 노하우나 스킬을 공개하겠는가? 따라서 적극적인 시상과 홍보를 통해 우수

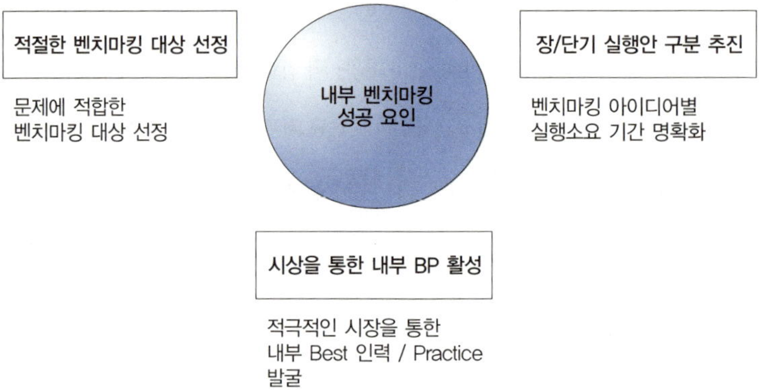

적절한 벤치마킹 대상 선정

문제에 적합한
벤치마킹 대상 선정

내부 벤치마킹
성공 요인

장/단기 실행안 구분 추진

벤치마킹 아이디어별
실행소요 기간 명확화

시상을 통한 내부 BP 활성

적극적인 시장을 통한
내부 Best 인력 / Practice
발굴

그림 6-4. 내부 벤치마킹 성공요인

인력들이 자신의 노하우와 스킬을 자발적으로 공개하고 더 높은 목표를 추구하도록 동기를 부여함으로써 지속적인 발전의 선순환 싸이클구조를 만들도록 해야 한다.

프로젝트 리더에게 한마디

좋은 아이디어나 성공사례는 외부에만 있는 것이 아니다. 내부에서 먼저 찾아보라.

혁신사무국에 한마디

외부 벤치마킹은 충실히 하기도 어렵고 적용하기도 어려운 경우가 많다. 내부 벤치마킹이 활성화될 수 있도록 하며 Best 성공사례를 공유할 수 있도록 노력하라.

TIP 22

창의적 아이디어 도출에 고민하라

6시그마는 모토로라에서 처음 시작되어 GE에서 꽃을 피운 이후, 전 세계 수많은 기업에서 도입을 했고, 기업 내부의 문제를 개선하는 데 국한하지 않고 기업경영의 철학으로까지 자리매김해 왔다.

6시그마의 장점은 당면한 문제를 명확히 정의한 후, 고객 관점에서 중요한 핵심지표인 CTQ(Y)를 도출하고 데이터수집 및 측정을 통해 Baseline 즉 현 수준을 파악하고 목표를 설정한 후 근본 원인을 찾아서 개선하는 일련의 논리적이고 체계적인 방법을 제공해 주는 데 있다. 그러나 6시그마의 방법론은 현상을 분석하고 근본 원인을 도출하는 데는 효과적인 방법론임에는 이견이 없으나, Improve 단계에서 개선 아이디어 도출 시 제공하는 Tool로서는 취약한 면이 있다고 생각한다.

6시그마 프로젝트를 수행해 본 사람들 중 다수는 Analyze 단계에서 찾아낸 근본 원인들이 모순관계일 때 해결이 어려운 경우를 많이 접해 보았을 것이다. 이런 모순관계를 극복할 수 있는 창의적인 아이디어가 필요할 때 창의적 아이디어를 도출해 주는 체계적이고 실질적인 방법론이 무엇이 있는가 생각해 보면 아마도 많지 않을 것이다.

우리가 많이 쓰고 있는 브레인스토밍의 예를 들어보자. 해당 부문의 전문가들이 모여 해결안들을 하나씩 이야기하고 응용해 가며 아이디어들을 도출하고 그룹핑해 최종 확정한다. 그러나 이 방법은 의견을 도출한 구성원들의 역량에 따라 아이디어들이 제한적일 수 있으며, 기존 사고의 틀에서 크게 벗어나지 못하는 경우가 많은 것이 사실이다. 또한 해당 분야의 전문가들은 해당 조직에서의 바쁜 업무와 다른 사유로 인해 한자리에 모이기도 쉽지가 않은 것이 현실임을 감안할 때, 과연 브레인스토밍을 창의적인 아이디어를 도출할 수 있는 실질적인 방법론이라고 할 수 있을까?

물론 브레인스토밍을 통해 창의적인 아이디어가 도출될 수도 있지만 대개 참석자의 역량에 의존적일 수밖에 없으며 브레인스토밍을 통해서 도출된 아이디어에 만족하지 못하는 경우도 많을 것이다.

그렇다면 창의적인 아이디어를 도출하는 체계적이고 구체적인 방법론은 없는 것일까? 요즘 창조경영과 함께 화두가 되고 있는 TRIZ의 방법론을 활용한다면 창의적인 아이디어를 도출하는 데 상당한 도움을 받을 수 있다. TRIZ는 러시아 해군 특허파트에서 근무했었던 알트 슐러에 의해 완성된 창의적 문제해결 방법론으로, 그는 전세계에 있는 20만 건의 특허를 수집하여 분석한 후 모든 창의적 문제해결에 있는 공통의 원리를 찾아 정리했다. 이 공통의 원리는 바로 '모순의 극복'이었고 이런 모순을 해결한 사례들을 분류해 해결책들을 정리하여 집대성했다.

TRIZ에서 제시하는 해결원리들은 사람의 직관이 아닌 전세계의 문제에 존재하던 모순(그것이 기술적 모순이건, 물리적 모순이건)을 극복한 사례들에서 추출하고 정리한 공통원리이다. 이 해결원리들은 우리가 그동안 몰랐던 전혀 다른 해결책들이 아니라 우리들이 잘 알고 있는 원리와 방법들인데, 그러다 보니 때로는 '콜럼버스의 달걀' 처럼 해결하면 별 것 아니지만 해결하기 전까지는 너무나 어렵고 불가능한 문제로 인식되는 경우가 많다. 위대한 아이디어는 무엇인가? 알고 나면 단순하지만 기존의 통념에 도전하거나 상호 모순이 되는 요소를 극복했다는 점에서 그 위대함이 있는 것이다.

그렇다면 TRIZ는 어떤 절차를 통해 문제를 해결해 가는지 간단히 살펴보자. 우리는 현실적인 문제에 부딪히면 우리가 갖고 있는 지식과 경험을 총동원하여 다양한 해결방법을 모색한다. 그러나 해당 문제에 숨어 있는 모순구조로 인해(대부분의 사람들은 이 모순을 인지하지도 못한다.) 몇 번의 시행착오를 겪으면서 노력은 하지만 해결방안을 찾지 못할 때가 많다. 다시 말해 문제를 해결하기 위해서는 문제 속에 숨어 있는 모순을 찾아내야 하는 것이다.

TRIZ에서는 모순을 2가지로 구분하는데 하나는 기술적 모순(Technical Contradiction)이며, 다른 하나는 물리적 모순(Physical Contradiction)이다. 기술적 모순은 서로 다른 특성 2개가 서로 충돌하는 모순으로 하나의 특성을 높이면(+) 다른 하나의 특성이 낮아지는(–) 것을 의미한다. 비행기 속도를 올리기 위한 경우를 생각해 보자. 출력(특성1)이 높은 엔진을 장착해야 하고 출력을 높이려면 엔진이 커져야 한다. 그러나 그럴 경우 엔진이 무거워진다.(특성2) 출력 높은 엔진을 장착하면 비행기 무게가 늘어나 속도가 떨어진다는 것이다. 이것이 기술적 모순이다. 물리적 모순은 어느 하나의 특성이 서로 다른 값을 동시에 가져야 하는 것을 의미한다. 자전거나 오토바이의 체인은 동력을 전달하고 내구성을 고려하여 단단해야 한다. 그러나 페

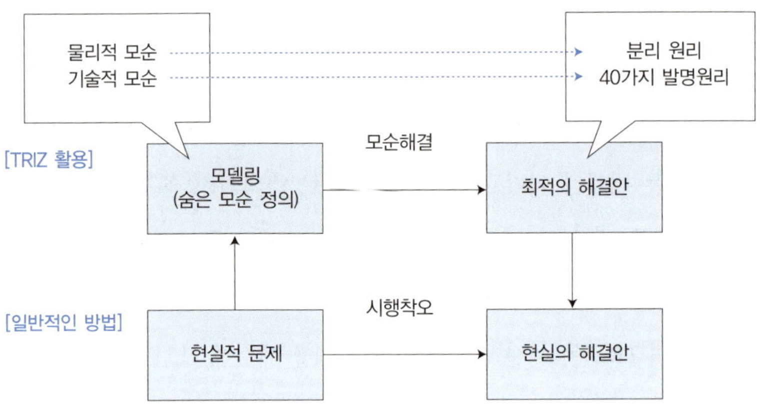

그림 6-5. TRIZ 문제해결 절차

달이나 모터와 바퀴 축 사이를 움직이기 위해서는 또한 유연해야 하는 것이다. 즉, 체인은 단단해야 하면서 유연해야 하는 특성을 동시에 가져야 하는 것이다.

이처럼 TRIZ는 문제에 숨어 있는 기술적 모순과 물리적 모순을 찾아 모순을 해결함으로써 문제를 해결하며 기술적 모순은 40가지의 발명원리로, 물리적 모순은 분리의 법칙을 이용하여 해결해 나간다.

6시그마를 도입한 지 4~5년 된 기업들은 문제를 명확히 정의하고, 근본 원인은 잘 찾아냈으나, 이를 해결하기 위한 혁신적이고 창의적인 아이디어를 구할 때는 무척 어려워하거나 도출한 아이디어가 문제를 완전히 해결해 주지 못하는 등의 고민을 한 번쯤은 해보았을 것이다.

제조업은 약 10년 전부터 TRIZ를 도입하여 추진해 왔고 꾸준히 추진한 기업에서는 가시적 성과를 달성해 왔다. 반면, 금융 · 보험업이나 사무간접 분야에서의 TRIZ 적용 사례는 거의 찾아보기 힘들다. 이는 TRIZ의 태동이 엔지니어링쪽인 것과 무관하지 않으나 점점 금융 · 보험업과 같은 사무 · 간접 분야에서도 TRIZ를 적용하려는 시도가 많아지고 있다.

① 금융업의 대출심사 사례

〈그림 6-6〉의 사례는 고객은 신속한 대출을 원하고 금융회사는 불건전 대출 물건을 받지 않기 위해 대출심사를 정확히 해야 하는 경우로 정확한 대출심사를 위해서 금융회사는 대출심사 전문가를 확보해야 하며 대출 물건에 대한 심층분석이 필요하다. 그러나 고객에게 금융회사의 정확한 심사는 신속한 대출을 저해하는 모순요소일 뿐이다. 이런 모순구조를 온라인심사와 자동심사 · 승인율을 제고함으로써 해결한 혁신사례이다.

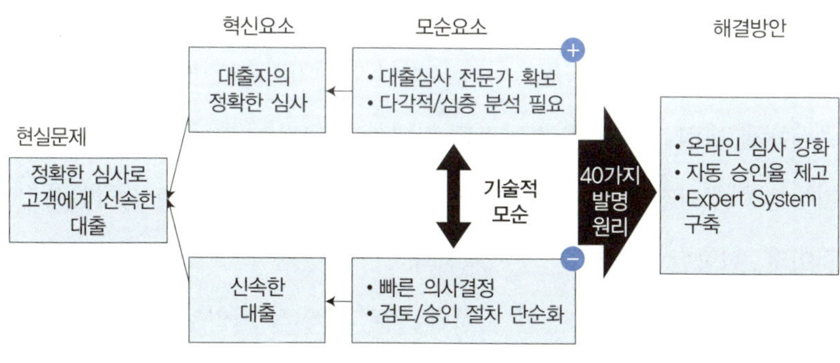

그림 6-6. TRIZ를 활용한 기술적 모순의 문제해결 사례

② 금융회사의 대출회수 사례

〈그림 6-7〉의 사례는 금융회사에서 대출을 받은 고객이 불의의 사고로 파산했을 때, 기업은 본연의 목적인 이윤추구 관점에서는 대출을 회수하는 것이 당연하지만, 윤리적 관점에서는 사고를 당한 고객에게 대출금을 회수하지 말아야 하는 모순구조에 놓여 있다. 이런 모순구조를 보험사와

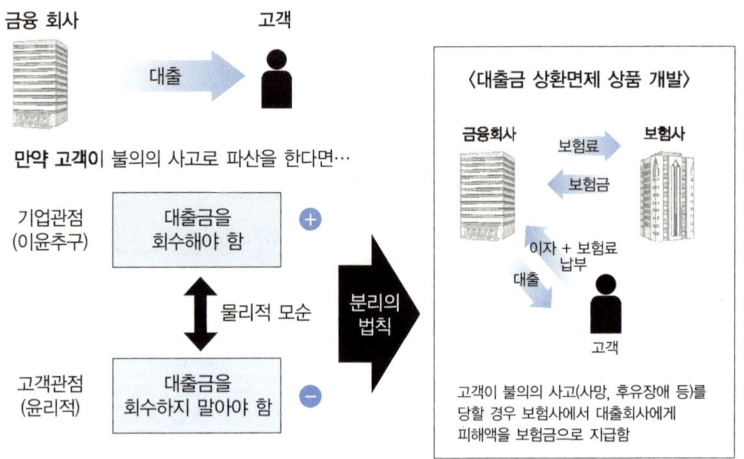

그림 6-7. TRIZ를 활용한 물리적 모순의 문제해결 사례

연계한 대출금 상환면제 상품을 개발함으로써 해결한 혁신 사례이다.

모든 기업들은 내부직원들이 창의적인 인재이기를 원하며, 사고방식과 문제해결 방식 역시 창의적이기를 기대한다. 그러나 이런 창의적인 아이디어는 하루아침에 이루어질 수 있는 것이 아님을 대부분의 사람들은 알 것이다. 적합한 방법론과 그것을 전사적으로 실행할 수 있는 창의적 기업문화가 자리 잡을 때 가능한 것이며, 이런 창의적 기업문화는 회사 내부 임직원 개개인이 창의적 아이디어에 대한 고민과 사고에 대한 부단한 노력을 경주할 때 가능하리라 생각한다.

프로젝트 리더에게 한마디

창의적이고 위대한 아이디어는 '콜럼버스의 달걀'처럼 알고 나면 단순하지만 기존의 통념 때문에 처음에는 불가능하게 보인다. 상세하고 깊이 있는 분석으로만 끝나지 말고 근본 원인을 해결할 수 있는 창의적인 아이디어 도출과 실행력이 확보되어야 한다.

발명원리	해결원리	금융/서비스업 예시
분할(Segmentation)	독립적으로 쪼개어 사용한다	• Spin-off – 보험회사의 다양한 서비스 기능(긴급출동, 손해사정, 위험진단, 자산운용 등)을 자회사로 분리하고, 서비스 기능의 전문화 추구 • 독립채산제를 통한 분권화
추출(Extraction)	꼭 필요한 부분이나 특성만 뽑아낸다	• 홈쇼핑 보험상품 – 가장 기본적인 담보만 모은 저가형 보험상품
국소품질(Local quality)	전체를 똑같이 할 필요 없다	• 판매 채널 특성과 종류에 따라 전용 상품 판매
비대칭(Asymmetry)	대칭이라면 비대칭(비비례)으로 해본다	• 초과비비례재보험(Excess of loss, XOL) 일정한 금액의 손해액을 초과할 경우 재보사에서 원수보험사에게 재보험금을 지급
통합(Consolidation)	한 번에 여러 작업을 동시에 수행한다	• 화재,질병,상해,자동차 등 모든 보험을 하나의 상품으로 통합하여 중복 보험료 제거
범용성(Universality)	여러 용도로 사용한다	• 긴급출동 용역업체에서 일정한 자격증 취득 후 사고현장출동 업무, 보험영업까지 수행
포개기(Nesting)	안에 집어 넣는다	• 은행, 대형마트, 대기업 건물 등 유동 인구가 많은 타 업종 점포 안에 보험판매 창구 개설
공중부양, 평형추(Counterweight)	들어올리는 힘을 내는 다른 사물과 결합하여 사물의 무게를 상쇄한다	• 공동보험, 재보험을 통한 리스크 분산
사전 반대조치(Preliminary anti-action)	미리 반대방향으로 조치를 취한다	• 사고다발자 보험료 할증 등을 통한 디마케팅 (De-marketing) 전략

그림 6-8. 알트 슐러 박사의 TRIZ 40가지 발명원리에 맞추어 본 금융서비스업 적용 예시

발명원리	해결원리	금융/서비스업 예시
사전 준비조치 (Preliminary action)	미리 조치한다	• 자동차 보험 만기 이전에 고객에게 미리 통보 • 자동차 보험 3년 장기 계약을 통한 보험료 할인율 제공으로 고객 장기 유치(일본)
사전 예방조치(Preliminary compensation)	미리 예방조치(포카요케)를 취한다	• 시나리오 경영 • 파생상품을 통한 금융 리스크 헷징
긴장 완화 (Remove tension)	환경을 변화시킨다	• 구글 사무실(스위스) • 야유회, 체육대회, 회식 등
역발상(Inversion)	뒤집어 생각한다	• 현장 부서와 지원 부서 간의 순환 근무, 인사 이동 • 사고자 피해자(타사 계약자)에게 보험 판매
타원형(Spheroidality)	직선을 곡선으로 바꾸어 본다. (우회하여 간접적으로 접근한다)	• 꾀병환자를 직접 관리하기 보다는 우회하여 불법행위 병원을 간접적으로 단속
유연성(Flexibility)	부분, 단계마다 자유롭게 움직이게 한다	• 모바일 영업, 모바일 보상 등을 통한 재택 근무
과부족 조치(Partial or excessive action)	지나치게 해버리거나 부족하게 한다	• Overriding 제도 도입을 통한 획기적 목표 달성 유도 및 동기 부여
차원 바꾸기 (Another dimension)	주어진 범위 또는 다른 면을 이용한다	• 보험을 보장기능 외에 저축, 투자, 대출 범위로 확대 이용
진동(Vibration)	진동(산포, 변동)을 이용한다	• 영업 성공사례를 매뉴얼화하여 다른 저 성과자들에게 스킬 및 노하우 전수
주기적 조치 (Periodic action)	연속적으로 하지 않고 주기적으로 한다	• CS 상시 모니터링
유용한 작용의 지속 (Continuity of useful action)	유용한 작용을 쉬지 않고 지속한다	• Blended Learning – 집합 교육과 사이버 교육을 병행하여 집에서도 꾸준히 학습
건너뛰기(Skipping)	유해하다면 빨리 진행해 버린다	• 고객 불만 및 민원 신속 해결

그림 6-8. 알트 슐러 박사의 TRIZ 40가지 발명원리에 맞추어 본 금융서비스업 적용 예시

발명원리	해결원리	금융/서비스업 예시
전화위복(Convert harm into benefit)	유해한 것은 좋은 것으로 바꾼다	• 고객 민원을 신상품 개발 및 서비스 개선 도구로 활용
피드백(Feedback)	피드백을 도입한다	• 주요 전략지표(KPI)진척도, 중간 평가 등 현장 공개
중간 매개물(Intermediary)	동작을 전달하거나 실행하기 위해 중간 물체를 사용	• 에스크로, 페이팔 등 결제 대행 서비스
셀프서비스(Self-service)	저절로 기능이 수행되게 한다	• 인터넷 보험 및 대출 계약 시 고객이 자기 정보사항과 서류를 직접 입력하거나 송부
대체, 복사(Copying)	비싼 제품 대신 싼 제품을 사용한다	• 해외출장을 화상회의로 대체 • 고가의 통계 S/W 대신 Excel(비쥬얼베이직 활용)을 통계 S/W로 사용
일회용품(Cheap short-living objects)	한 번 쓰고 버린다	• 외부 컨설턴트 임시 용역 • 파일럿 테스트
기계식 시스템의 대체(Replace a mechanical system)	광학, 음향시스템으로 바꾼다	• Wake Up, 팝업 시스템
공압 및 수압(Pneumatics and hydraulics)	단단한 것을 유동적인 것으로 대체한다(융통성 있게 만든다)	• 변액보험 혹은 각종 변동금리 관련 금융상품
유연하고 얇은 막(Flexible shells and thin films)	얇은 막을 사용하여 유해한 환경과 격리한다	• 고 성과자와 저 성과자 간의 차별화, 맞춤 교육
다공성 소재(Porous materials)	미세한 구멍을 가진 물질을 사용한다(의사 전달이 되는 경로를 만든다)	• 주니어보드, COP, 익명 게시판 등을 이용한 커뮤니케이션 활성화
색상변화(Color changes)	색깔 변화 등 광학적 성질을 변화시킨다	• 경영지표(KPI)의 신호등 관리(Red, Yellow, Blue)
동질성(Homogeneity)	기왕이면 같은 재료를 사용한다	• 화재보험, 자동차보험, 장기보험 등 서로 다른 설계서 및 청약서 양식을 모두 표준화하여 비용 절감
폐기 또는 복구(Discarding and recovering)	다 쓴 것은 버리거나 복구한다	• 오래된 계약자, 보상 서비스 D/B 삭제 혹은 백업 후 별도 보관을 통해 호스트/서버 과부하 제거

그림 6-8. 알트 슐러 박사의 TRIZ 40가지 발명원리에 맞추어 본 금융서비스업 적용 예시

발명원리	해결 원리	금융/서비스업 예시
속성변화 (Parameter changes)	물질의 속성을 변화시킨다	• 종이 문서를 이미지 형태로 변환하여 보관
상태전이 (Phase transitions)	상태변화를 이용한다	• BCG매트릭스(dog, cash cow, star, ?)에 따른 마케팅 전략 변화
관계변화 (relationship change)	관계변화를 이용한다	• 과부제(課部制)를 팀제로 전환하고 종업원 권한 위임을 통해 개인별 전문능력 극대화 및 업무처리의 신속성 제고
강한 산화제의 이용 (Use strong oxidizers)	활성화 환경으로 바꾼다	• 브레인스토밍, 워크숍 등을 통한 자유로운 토의 여건 조성
비활성 환경 (Inert environment)	비활성 환경으로 바꾼다	• 중요 정보시스템의 접근 권한을 직급과 부서 등 신분에 따라 제한
복합화 (Composite materials)	복합재료로 대체한다	• 경쟁사 혹은 타 업종 경력직원을 채용하여 다양한 조직문화 혼합 및 체질 변화 유도

그림 6-8. 알트 슐러 박사의 TRIZ 40가지 발명원리에 맞추어 본 금융서비스업 적용 예시

TIP 23

프로젝트의 엔진 – 실행력

'전략×실행=성과' 라는 등식이 있듯이 기업의 전략이 아무리 훌륭하더라도 그 전략을 실행하는 실천이 없으면 성과는 '0' 이 된다. 많은 기업에서 전략의 실행력을 높이기 위해 BSC(Balanced Scorecard), MBO(Management By Objectives) 등 다양한 Tool을 사용하고 있고, 6시그마도 회사 전략을 실행하는 핵심도구로 사용되고 있다. 하지만 '변화 없이 성공한 전략은 없다' 라는 말이 있듯이 기업의 전략을 실행하다 보면 변화를 거부하는 다양한 종류의 저항에 직면하게 된다. 이런 저항에는 프로젝트에 대한 무관심, 개선안 실행 거부, 반대 로비 등이 있는데, 이번 장에서는 사례를 통해 저항을 극복하고 실행력을 높일 수 있는 방법을 소개하고자 한다.

먼저 첫 번째 A과장의 사례이다. A과장이 맡은 프로젝트는 자동차 보상부문 내 전체 직원의 참여가 없이는 결코 성공할 수 없는 성격의 프로젝트였다. 이런 이유로 A과장은 프로젝트의 공감대가 형성되지 못하면 개선안이 제대로 실행되지 않을 것 같은 느낌이 들었다. 다행히 프로젝트가 시작된지 얼마 되지 않아 A과장은 '전국 보상센터장 워크숍'에서 발표할 수 있는 기회를 잡게 되었고 설문조사, 경쟁사 비교 등을 통해 문제점을 설득력 있게 발표했다. 워크숍 이후 이 프로젝트는 챔피언으로부터 Commitment를 받게 되었고 많은 동료들로부터 조언과 해결 아이디어를 들을 수 있었다. 결국 A과장은 워크숍이라는 기회를 통해 프로젝트를 이슈화해 공감대를 형성함으로써 실행력을 높일 수 있었다.

두 번째 사례는 B과장의 사례이다. B과장의 고민은 일선 현장에서 느끼는 문제점을 해결할 수 있는 개선안을 수립하는 것이었다. 그런데 B과장이 맡은 프로젝트는 손해사정회사, 렌터카 업체, 정비소 등 많은 이해관계자와 얽혀 있는 문제로 현상을 제대로 파악하기조차 어려운 점이 있었다. 고민 끝에 B과장은 협력사의 Key Man을 팀원으로 구성하여 Define 단계에서부터 프로젝트에 참여하도록 했다. 그리고 사무실에 앉아 있지 않고 팀원들과 같이 전국의 현장을 찾아다니며 이해관계자들을 직접 만난 후 이슈를 파악했다. B과장은 파악된 결과를 바탕으로 개선안을 수립했고 수립된 개선안에 문제점은 없는지 현실성은 있는지 효과성이 있는지? 등의 여부를 현장에서 직접 확인했다. 이러한 노력으로 이 프로젝트의 개선안은 현장의 호응도가 매우 높아졌고 충분한 동기부여가 이루어져 실행력도 높을 수밖에 없었다.

세 번째 사례는 C차장의 사례이다. 금융 · 보험업은 '인지(人紙, man and paper industry)산업'으로 어느 산업보다 직원의 역량이 중요하다. 이번에 소개할 C차장의 사례는 인지산업에서 자주 경험할 수 있는 영업직원의 역량향상 사례이다. C차장은 프로젝트를 진행하면서 영업직원의 역량 중 활동량의 편차가 심한 문제를 알게 되었고 활동량의 상향 평준화를 개선방향으로 설정했다. 도전적인 목표를 부여하고 강력한 실적관리를 통해 활동량을 증대시킬 수도 있지만 C차장은 영업직원과 커뮤니케이션을 통해 자발적으로 고객방문을 실행할 수 있는 개선안을 고민했다. C차장은 고민 끝에 고객접촉부터 계약까지 영업단계별 부진 원인을 파악할 수 있고 부진한 영업사원을 조기 발굴하여 피드백할 수 있는 시스템을 개발했다. 이 시스템을 통해 영업관리자들은 영업활동의 과정관리를 정교하게 할 수 있었고 영업직원들과의 커뮤니케이션을 통해 부족한 점을 피드백할 수 있게 되었다. 그리고 피드백을 받은 영업직원은 본인의 수준과 개선이 필요한 부분을 정확하게 알 수 있었고, 이를 바탕으로 활동량 증대를 위해 꾸준히 노력하게 되었다. 이런 영업직원의 노력으로 활동량은 60%나 향상되었고 매출목표도 초과 달성하는 성과를 달성했다. 이처럼 직원의 역량에 영향을 많이 받는 인지산업에서는 커뮤니케이션이 직원에게 동기를 부여하여

저항의 5가지 수준

1. **강한 지지 그룹**
   - 프로젝트의 중요성을 다른 사람들에게 이해시키기 위해 적극적으로 노력하고 참여하는 그룹
2. **온건한 지지 그룹**
   - 프로젝트를 도와주는 그룹
   - 주어진 일을 의무적으로 하지만 적극적이지는 않음
3. **중립적 그룹**
   - 프로젝트를 관망하는 그룹
4. **온건한 반대 그룹**
   - 프로젝트를 명백히 반대하는 것은 아니지만, 참여하지도 않는 그룹
5. **강한 반대 그룹**
   - 자신에게 부여되는 일을 거부하며, 실행을 반대하는 로비를 펼치는 그룹

그림 6-9. 저항의 5가지 수준

변화를 이끌어내는 중요한 수단이 될 수 있다.

지금까지 소개된 사례처럼 금융·보험 분야의 6시그마 프로젝트는 개선안의 내용이 조직과 사람에게 연관된 경우가 많이 있기 때문에 커뮤니케이션을 통한 변화관리에 많은 비중을 두어야 한다. 이를 위해 프로젝트 리더는 끝없이 이해관계자와 의사소통을 해야 하며 신뢰관계 형성을 통해 프로젝트의 강한 지지 그룹을 확보해야 한다. 이들의 적극적 지지는 프로젝트의 실행력을 높이는 데 큰 힘이 될 수 있다.

프로젝트 리더에게 한마디

끊임없는 커뮤니케이션을 통해 강한 지지 그룹을 확보하라.

Chapter 7

앞으로 어떻게 관리할 것인가? (Control)

프로젝트 수행기간 동안 좋은 성과를 달성해 냈고, 이로 인해 연도 말 시상식에서 우수 프로젝트로 선정까지 받았다. 그런데 1년이 지난 후, 다시 그 프로젝트의 사후관리 상태를 살펴보니 실적은 저조하고 관리 주체도 유명무실하다.

"당시 잘 나가던 프로젝트가 지금은 왜 이렇게 망가진 것일까?"

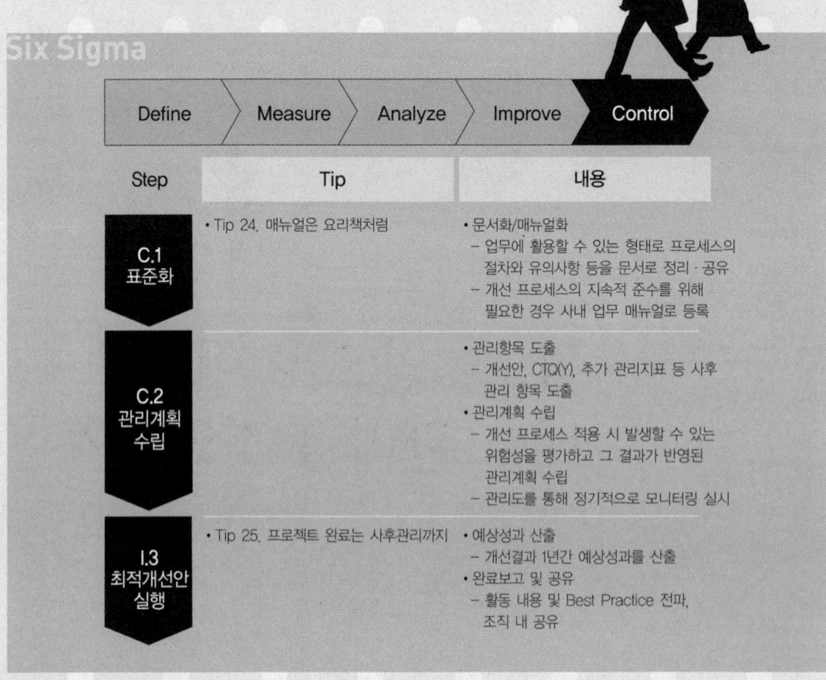

Step	Tip	내용
C.1 표준화	• Tip 24. 매뉴얼은 요리책처럼	• 문서화/매뉴얼화 – 업무에 활용할 수 있는 형태로 프로세스의 절차와 유의사항 등을 문서로 정리 · 공유 – 개선 프로세스의 지속적 준수를 위해 필요한 경우 사내 업무 매뉴얼로 등록
C.2 관리계획 수립		• 관리항목 도출 – 개선안, CTQ(Y), 추가 관리지표 등 사후 관리 항목 도출 • 관리계획 수립 – 개선 프로세스 적용 시 발생할 수 있는 위험성을 평가하고 그 결과가 반영된 관리계획 수립 – 관리도를 통해 정기적으로 모니터링 실시
I.3 최적개선안 실행	• Tip 25. 프로젝트 완료는 사후관리까지	• 예상성과 산출 – 개선결과 1년간 예상성과를 산출 • 완료보고 및 공유 – 활동 내용 및 Best Practice 전파, 조직 내 공유

TIP 24

매뉴얼은 요리책처럼

모르는 요리를 새로 배우고자 할 때 당신은 무엇을 보는가? 아마 요리책을 볼 것이다. 그 요리를 한 번도 해본 적이 없지만 요리책에서 시키는 대로 따라 하다 보면 당신 맘에 쏙 들 정도의 맛은 아니지만 먹을 수 있을 정도의 맛이나, 혹시 당신이 요리에 대단한 재능이 있다면 매우 훌륭한 요리가 탄생할 수도 있을 것이다. 그렇다면 아마 당신은 훌륭한 요리를 만들 수 있게 해준 일등 공신이 요리책임을 부인하지 못할 것이다.

대부분 6시그마 프로젝트를 수행하는 회사는 프로젝트의 마지막 단계에서 개선된 프로세스나 업무를 지속적으로 관리하고 효과가 날 수 있도록 표준화 · 매뉴얼화할 것이다. 그러나 종종 매뉴얼을 제대로 만들지 않아 활용되지 못하고 점차 개선하기 전의 상태로 회귀하거나 원하는 성과가 나오지 않게 되는 경우가 많은 것이 현실이다.

P 과장은 경리팀에서 일한 지 8년이나 되는 베테랑 중의 베테랑이다. 구조 조정으로 팀원이 줄어 매일 눈코 뜰 새 없이 과중한 업무의 연속이었는

데, 그가 처리하는 많은 업무 중 상당수가 다른 팀에서 걸려오는 문의 전화에 대한 응대였다. 이를 개선하고자 6시그마 프로젝트를 수행해 전표처리 시스템 사용자 매뉴얼을 제작하고 공유했으나 문의 전화는 줄지 않았다.

원인을 분석해 본 결과, 매뉴얼은 사용자 관점이 아닌 경리팀 관점에서 작성이 되었고 사용자들은 매뉴얼이 어렵게 느껴졌던 것이고 결국 매뉴얼은 활용되지 못했던 것이었다. 그래서 P과장은 사용자 입장에서 쉬운 용어와 해설을 포함하여 동영상으로 제작 및 공유했고, 경리팀으로 오는 문의 전화량을 대폭 감소시킬 수 있었다.

K대리는 매일 부서의 마감실적 데이터를 수집하여 분석하고 그 결과를 부서장에게 보고하는 업무를 수행한다. 난이도가 어려운 업무는 아니나 매일 수행해야 되는 업무라 자신이 자리를 비우거나 출장이라도 가게 되면 대응할 수 있는 부서원이 없는 상황이라 자신의 업무를 매뉴얼화했다. 어느 날 매뉴얼을 믿고 휴가를 내어 가족들과 여행 길에 오른 K대리는 곧 부서장의 전화와 부서원의 계속되는 전화에 다시 회사로 발길을 돌릴 수밖에 없었다.

그렇다면 좋은 매뉴얼이란 어떤 매뉴얼일까? 좋은 매뉴얼이라면 해당 프로세스나 업무를 전혀 모르는 사람이라도 매뉴얼을 보고 그대로 따라 했을 때 어느 정도 기대하는 수준 이상의 업무성과를 낼 수 있어야 한다고 생각한다. 당연한 얘기라고 할 수 있겠지만 실제로는 말처럼 그렇게 쉬운 일이 아니다. 그렇다면 좋은 매뉴얼을 만들기 위해서는 어떻게 해야 할까?

첫째, 업무를 작은 단위로 세분화하는 것이다. 작게 쪼갤수록 작성하기 쉬워지며 구체적이고 상세하게 표현할 수 있고 사용하는 사람도 쉽게 이

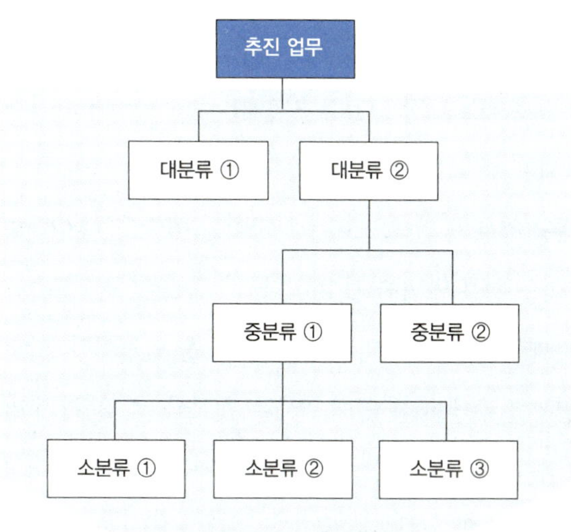

예시)

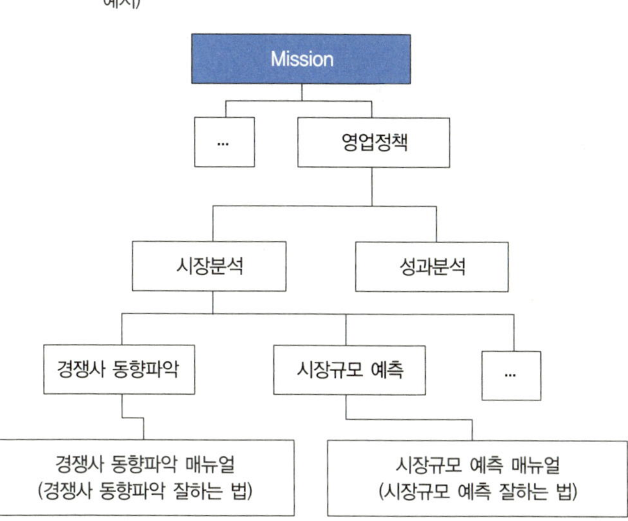

그림 7-1. 추진업무의 세분화

해할 수 있다.

둘째, 일반적이며 쉬운 용어를 사용하라. 매뉴얼은 작성자 자신보다는 해당 업무나 프로세스를 잘 모르는 사람이 사용하는 만큼 사용자 관점에서 충분히 이해할 수 있는 용어를 사용하여 작성하는 것이 중요하다. 매뉴얼 제작 후 해당 업무를 전혀 모르는 사람이 읽어봤을 때 이해하는 정도로 검증해 보는 것도 좋은 방법이 될 것이다.

셋째, 단순 매뉴얼보다는 '업무 잘하는 법'을 만들어라. 단순히 매뉴얼을 보고 그 업무를 수행할 수 있게 만드는 것보다는 '잘'하게 만드는 것이 중요하다. 그러기 위해서는 매뉴얼에는 전문가인 작성자의 노하우가 포함되어야 한다. 대부분의 노하우는 무형인 경우가 많으며 이런 무형의 노하우를 매뉴얼 속에서 표현하고 사용자가 잘 이해하고 실행하여 어려움이 없을 때 진정으로 좋은 매뉴얼이 되는 것이다.

넷째, 살아 있는 매뉴얼이 되게 하라. 모든 업무는 환경이 변함에 따라 변하는 것은 당연한 일이다. 업무가 변하게 되면 업무 매뉴얼도 그에 맞춰 수정, 보완되어야 하나 잘 되지 못하는 것이 현실이다. 업데이트가 잘 되

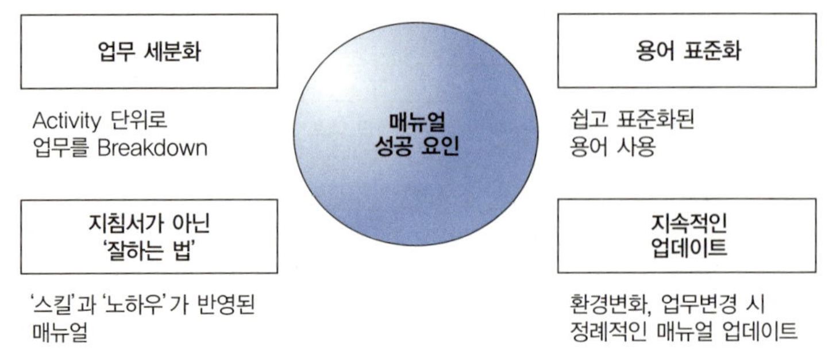

그림 7-2. 매뉴얼 성공요인

지 않는 이유는 무엇일까? 담당자가 바빠서, 귀찮아서, 개정을 할 정도로 변화 정도가 크지 않아서, 개정 여부에 따른 특별한 제재 또는 시상이 없어서 등과 같이 여러 가지 이유가 있을 것이다. 그렇다면 '죽은' 매뉴얼이 안 되게 하려면 어떤 방법이 있을까? 이는 기업마다 제도와 문화, 환경이 다르므로 자신에게 맞는 방법을 고민할 수밖에 없겠지만 바람직한 방법으로는 '정기적인 매뉴얼 업데이트 날'을 정해 매뉴얼 내용에 대해 검토하고 업데이트하는 것이 바람직하다. 물론 그 이전에 각 매뉴얼별 담당자 선정은 필수일 것이다.

잘 만들어지고 활용도가 높은 매뉴얼은 업무의 낭비를 제거하는 데에도 효과가 크다. 매뉴얼을 제작하다 보면 해당 프로세스나 업무를 상세히 스크리닝하게 되고 그 속에 있는 낭비 요인들이 발견된다. 즉시 제거할 수

근본 원인 파악 잘하는 법 : Process Mapping

Process Mapping	주요 활동 대상
• Process의 Input/Output/Task의 관계를 시각적으로 나타냄으로써 Process상의 저부가를 찾아 제거하는 활동	• 기존 업무의 개선에 주로 활용함 여러 기능 조직이 연관되어 있는 '일'의 Output Quality와 효율성 제고에 유용함

잘하려면?	작성 예
• 제품/정보의 흐름을 현장에서 실제로 따라가면서 현재의 상태를 확인해야 함 • 최종단계에서 출발하여 작업을 거슬러 올라가면서 작성하는 것이 요령 • 처음부터 완벽하게 그리려고 하지 말것 • Process를 가능한 잘게 쪼개서 그려야 함 • Process의 목적과 경계를 확실히 할 것	영업소 영업소장 총무부서 회계부서 발주 품의서 작성 결재 구매가 결정 예산 심의 배송 A1 D1 Yes A2 D2 No No

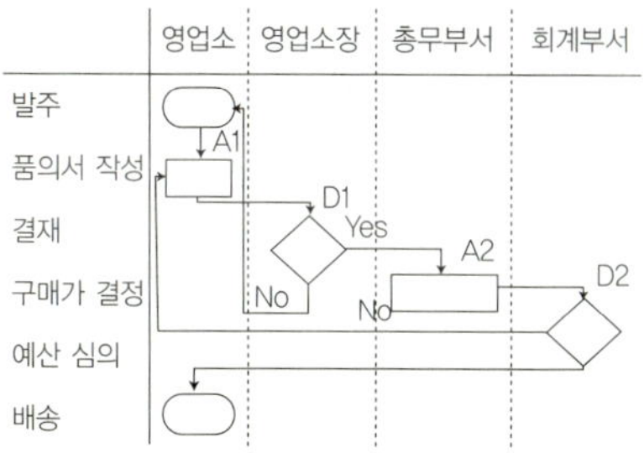

그림 7-3. 매뉴얼 작성사례

있는 낭비 요인들은 제거한 후 매뉴얼을 제작하게 되고 단기간 제거하기 어려운 낭비는 6시그마 프로젝트로서 해결하게 되는 선순환 싸이클을 그리게 되는 것이다.

프로젝트 리더에게 한마디

매뉴얼 제작 목적을 다시 한 번 생각해 볼 필요가 있다. 누구라도 매뉴얼을 보고 따라 하면 기대하는 품질의 성과가 나올 수 있는 매뉴얼을 만들어라. 그리고 지속적으로 업데이트해 살아 있는 매뉴얼이 되게 하라.

TIP 25

프로젝트 완료는 사후관리까지

6시그마를 추진하는 회사라면 한 번쯤은 완료된 프로젝트의 사후관리를 효과적으로 할 수 있는 방법을 찾기 위해 고민해 보았을 것이다. 보통 6시그마가 확산 단계에 접어들기 시작하면, 프로젝트 수가 증가하게 되어 6시그마 담당부서에서 모든 프로젝트의 사후관리 현황을 일일이 점검하기에는 어려움이 발생하게 된다. 또한 사후관리를 책임지는 현업 부서에서도 과거 개선안에 대해 관심이 점점 멀어지게 되고, 프로젝트를 진행할 때처럼 정성을 들여서 개선결과를 유지하기 위해 노력하지 않게 된다. 이렇게 사후관리에 대한 관심과 노력이 부족하게 되면 결국 개선된 프로세스는 과거로 회귀하게 된다. 아마 혁신업무를 추진해 본 사람이라면 회사 내에서 이런 사례를 몇 번쯤은 겪었을 것이다. 이런 사례들이 점점 누적될 경우 어떤 현상이 발생될까?

먼저 회사 내에서 6시그마 프로젝트의 성과에 대해 불신하는 사람이 늘어나게 된다. 이런 성과에 대한 불신은 6시그마 활동 자체에 대한 불신으로 이어질 수도 있고 6시그마 활동 자체를 낭비로 인식할 수도 있다. 이처럼 6시그마 프로젝트 사후관리는 그 중요성을 아무리 강조해도 지나치지 않기에 이번 장에서는 지난 4년 동안 6시그마 업무를 진행하면서 경험하였던 효과적인 사후관리 방법을 소개하고자 한다.

1. 먼저 개선결과는 반드시 '표준화' 하고 시스템에 반영하자.

금융 · 보험업 같은 인지산업에서는 일하는 방식이 직원마다 조금씩 차이가 난다. 이런 산업의 특성으로 인해 프로젝트의 개선안도 사람과 관련된 부분이 많다. 개선안들이 업무방식의 변화로 제대로 정착되고 개선결과를 유지하기 위해서는 프로젝트 완료 이전에 개선안들이 반드시 표준화가 이루어져야 하고 시스템에 반영이 되어야 한다. 이렇게 표준화를 통해 마무리된 개선안만이 일회성에 그치지 않고 지속적으로 적용될 수 있다.

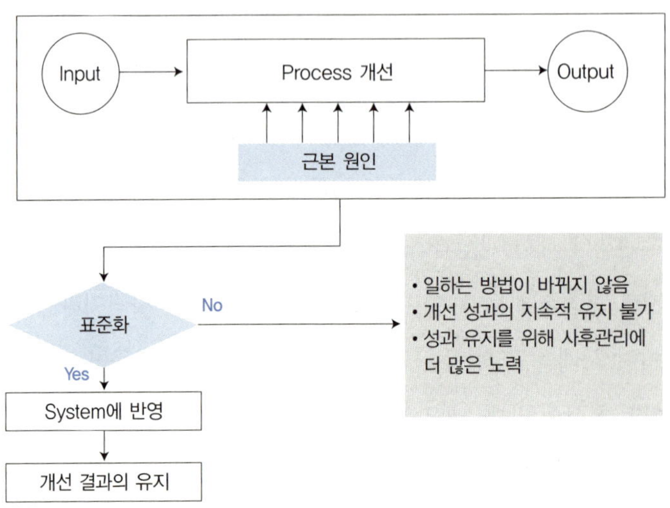

그림 7-4. 표준화의 중요성

만약 이런 표준화 노력이 없다면 어떤 일이 발생될 수 있을까? 이런 노력이 없다면 결국 일하는 방법이 바뀌지 않아 개선 성과를 지속적으로 유지하기 어렵게 될 뿐만 아니라 미진한 성과 유지를 위해 사후관리에 더 많은 자원과 노력을 투입해야 한다. 성과를 지속적으로 유지하고 사후관리를 효율적으로 하기 위해서 먼저 프로젝트의 개선결과를 반드시 '표준화' 하고 시스템에 반영하자.

2. 개선 성과가 유지되는지 확인한 후 프로젝트를 완료하자.

6시그마 활동을 벤치마킹해 보면 대부분의 회사에서 사후관리 기간을 프로젝트 완료 후 1년으로 정하고 있다. 보통 사후관리 기간 동안 성과유지 여부를 확인하기 위해 현장을 점검하거나 주기적으로 사후관리 현황을 발표하게 하는 등 다양한 방법으로 점검을 하고 있는데, 이런 점검 노력이 형식에 그치거나 이런 저런 어려움으로 인해 제대로 실시되지 못하는 경우도 있다. 전산시스템을 구축하여 사후관리를 시스템적으로 해결할 수도 있지만 이 또한 시스템의 유지 · 관리에 많은 노력을 해야 한다. 그렇다면 다른 방법은 없을까?

우리 회사는 6시그마를 도입한 지 3년차 시점에 '꼭 사후관리 기간을 1년으로 정해 6시그마 담당부서에서 점검해야 하는지?'를 검토한 끝에 아래와 같이 기준을 변경하기로 결론내렸다.

– 기존

- 원칙적으로 모든 6시그마 프로젝트는 완료 후 1년간 사후관리를 해야 함.
- 사후관리를 책임지는 프로세스 오너는 사후관리 계획서를 통해 주기적

으로 관리함.

• 사후관리 결과는 주기적으로 6시그마 담당부서로 보고가 이뤄져야 함.

– 변경

• 6시그마 프로젝트는 개선안 적용 후 6개월간 성과검증 후 완료함.
• 사후관리를 책임지는 프로세스 오너는 프로젝트 완료 6개월 후 사후관리 계획서를 통해 사후관리 결과를 6시그마 담당부서로 통보함.

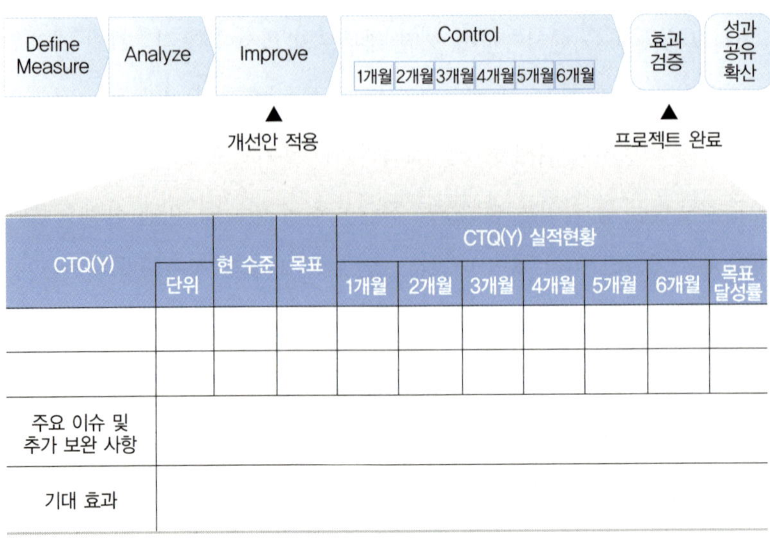

CTQ(Y)	단위	현 수준	목표	CTQ(Y) 실적현황						
				1개월	2개월	3개월	4개월	5개월	6개월	목표 달성률
주요 이슈 및 추가 보완 사항										
기대 효과										

그림 7-5. 프로젝트 완료기준

변경 전에는 개선안 적용 후 1~2개월 동안 달성된 반짝 성과를 보고 하고 난 뒤 프로젝트를 완료하는 경우도 있었고, 사후관리 기간 동안에 개선안이 정착되지 않아 과거로 회귀하는 경우도 있었다. 하지만 기준을 변경한 후 6시그마 프로젝트팀은 6개월 동안 개선안을 정착시키기 위해 부단히 노력해야 한다. 이런 기준으로 수행된 프로젝트는 개선 성과가 지속적으로 유지될 가능성이 높으며, 6시그마 담당부서에서는 성과에 대한 평가도 좀 더 공정하게 진행할 수 있는 장점이 있다.

이처럼 6시그마 활동의 기준변경을 통해 6시그마 프로젝트의 성과를 지속적으로 유지하고 사후관리를 효과적으로 할 수 있으며, 회사 내에서 6시그마 프로젝트의 성과를 인정하는 문화가 확산될 수 있다. 이런 인정 문화는 향후 6시그마 활동의 정착 및 지속을 위한 밑거름이 될 것이다.

혁신사무국에 한마디

- 프로젝트 개선결과는 반드시 '표준화' 하고 시스템에 반영하자.
- 개선 성과가 유지되는지 확인한 후 프로젝트를 완료하자.

Chapter 8

6시그마 인프라 어떻게 지원할 것인가?

각 리더들에게 동기부여를 통해 프로젝트에 전념할 수 있도록 업무 여건과 제도적 인프라 지원이 뒤따라야 한다. 예를 들어 벨트육성 교육 지원, 평가 및 보상에 관한 제도, 중간보고회 및 경진대회 등 이벤트, 프로젝트 관리시스템 등이 있다. 이와 관련하여 지난 몇 년간 실무 경험을 바탕으로 터득한 6시그마 지원 인프라에 관한 노하우를 몇 가지 소개하고자 한다.

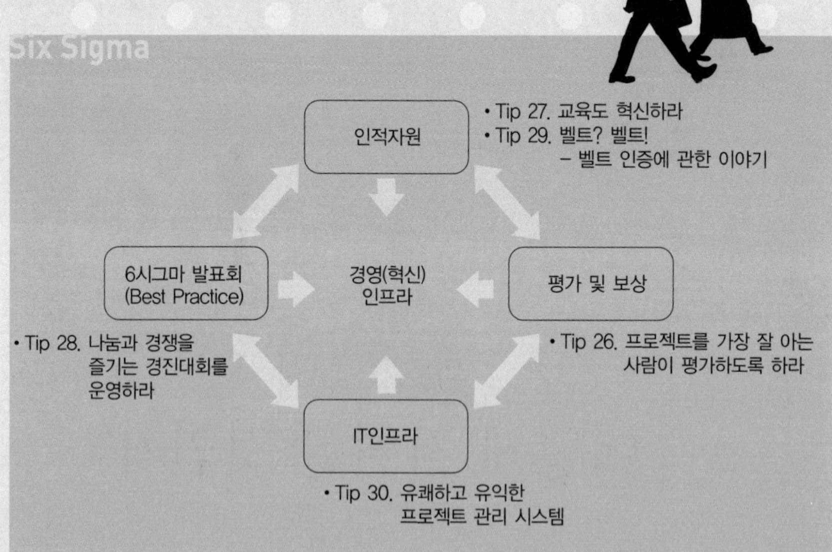
Six Sigma
인적자원
• Tip 27. 교육도 혁신하라
• Tip 29. 벨트? 벨트!
– 벨트 인증에 관한 이야기
6시그마 발표회
(Best Practice)
경영(혁신)
인프라
평가 및 보상
• Tip 28. 나눔과 경쟁을
즐기는 경진대회를
운영하라
• Tip 26. 프로젝트를 가장 잘 아는
사람이 평가하도록 하라
IT인프라
• Tip 30. 유쾌하고 유익한
프로젝트 관리 시스템

: TIP 26

프로젝트를 가장 잘 아는 사람이 평가하도록 하라

6시그마는 현재까지 나와 있는 여러 가지 경영혁신 전략 중에서 가장 성공한 방법론임에도 불구하고 6시그마에 대해 비평하는 사람들이 주장하는 약점의 한가지는 6시그마가 문제를 해결하는 데는 훌륭한 방법론을 제시하지만, 프로젝트 완료 후 프로젝트에 대한 평가 방법이 명확하지 않다는 것이다.

혁신리더나 프로젝트에 참여했던 워크그룹이 얻는 것은 무엇일까?

첫 번째는 문제 해결의 막강한 Tool로서 6시그마를 체험하는 것이다. 각 단계에 적용하는 수많은 기법들을 배우며 어떤 문제든 해결할 수 있다는 자신감과 역량을 얻게 되는 것이다. 두 번째는 추진력을 함양하게 되는 것이다. 프로젝트를 진행하다 보면 부딪히게 되는 어려움들을 극복하고 끝까지 프로젝트를 진행한 경험은 추진력에 대한 소중한 기억으로 자리매김하여 추진력을 크게 강화해 준다. 때로는 우격다짐의 황소 같은 전진도 필요하며, 때로는 흐르는 물처럼 부드럽게 우회하는 것이 효과적임을 깨

단계 해주는 것이다. 세 번째는 프로젝트 성과에 대한 평가, 그에 따른 보상과 보람이다. 프로젝트를 진행하며 겪었던 어려움만큼 그에 비례하는 보람과 기쁨을 맛보게 되는 것이다. 특히 6시그마를 지속적으로 추진하기 위해서는 조직원들의 6시그마에 대한 열정이 식지 않도록 불씨를 잘 관리해야 한다는 측면에서 '프로젝트에 대한 올바른 평가와 적절한 보상'은 매우 중요하다.

그런데 여기서 우리가 깊게 생각해야 할 중요한 점이 있다. 바로 6시그마 혁신프로젝트에 대한 평가와 보상제도가 혁신활동 및 6시그마에 대한 반감을 야기하고, 혁신활동에 대한 성과를 부정하는 엄청난 결과를 초래하기도 한다는 것이다. 그 이유는 프로젝트를 수행하는 리더 입장에서 그동안의 노력이 잘못 평가받는 것에 대한 당연한 반발이며 억울함에 대한 표현이다.이러한 측면에서, 6시그마를 도입한 회사들은 성과에 대한 평가

평가 구성	평가 차별화	평가 시기	평가자	비중
활동평가	단계별 과제 충실도	단계별 WS 시 (3회)	BB 상호 /사무국	40
성과평가	재무성과, 목표달성률, 지표 개선율	과제완료 시	사무국	20
예선평가	Best Practice의 적절성, 혁신성, 완성도, 전파성	예선평가 시	예선평가위원	20
본선평가	경영성과 기여도, 활동의 혁신성	본선평가 시	본선평가위원	20

그림 8-1. 6시그마 도입초기 프로젝트 평가 개요

와 보상에 충분히 고민하여 혁신전략에 부합하는 공정한 기준을 수립하고 시행해야 하며 이는 경영혁신 추진에 있어서 정말 중요한 포인트이다.

평가와 관련해서 흔히 우리가 직면하게 되는 문제는 평가에 대한 사무국의 영향력이다. 사무국의 영향력이란 프로젝트에 대한 평가제도 내에 사무국이 부여하는 점수가 얼마나 되고 어떤 의미를 갖는가 하는 것이다.

〈그림 8-1〉은 2007년 이전까지 우리 회사에서 사용했던 혁신 프로젝트 평가기준이다. 살펴보면 사무국의 비중이 60%를 차지하고 예선 및 본선 평가의 결과가 각 20%씩 배점되어 전체 평가가 이루어짐을 알 수 있다. 이러한 평가방법은 6시그마를 도입하여 정착시키는 단계에서 이상적인 형태라고 할 수 있다. 프로젝트의 각 단계별 충실도와 진척도를 평가에 반영하는 것은 6시그마 프로젝트 진행이 아직 익숙하지 못한 상태에서 과제에 대한 몰입도를 제고할 수 있는 방법이다. 또한 성과에 대한 평가 점수가 20%로 비교적 높지 않음은 성과도 중요하지만 6시그마를 배우고 충실하게 과제를 진행하는 것에 중점을 두고 있음을 의미한다. 그리고 예선평가와 본선평가에서 각각 부서장과 임원들이 프로젝트 완성도와 경영성과 기여도를 중심으로 평가한 결과를 반영함으로써 전체적으로 혁신경영 메커니즘을 적절히 평가와 연계하는 방법으로 이해하면 될 것이다.

다시 말해서 이러한 평가방식은 6시그마 도입과 정착의 초기단계에서는 매우 적절하며, 또 업무성격이 비슷한 영역에서는 바람직한 방법이기도 하다. 특히 제조업과 같은, 다른 사업부의 업무도 서로 쉽게 이해될 수 있는 업종에서는 별다른 불만이나 문제 발생 없이 쉽게 적용할 수 있는 평가 방식이라 생각된다.

그러나 6시그마가 정착될수록 스스로 진보하여 각각의 기업의 특성이나 목적의 성격에 따라 다양한 프로세스와 방법론들이 접목되어 6시그마가 전개되기 때문에 6시그마가 정착, 성숙할수록 프로젝트의 평가에 사무국의 영향력이 크게 작용한다면 정확하고 바람직한 평가가 이루어지지 않게 될 가능성이 높다.

특히 금융업이나 우리 회사와 같은 보험업에서는 완전히 서로 다른 업무 영역이 다양하게 존재하기 때문에 다른 부문의 업무를 이해하고 정확하게 평가한다는 것은 매우 힘든 일이다. 이러한 평가에 대한 불만이나 어려움이 해결되지 않으면 혁신경영이나 혁신활동 전체를 부정적으로 생각하게 될 수도 있기에 깊이 고민해야 한다. 즉, 업종에 따른 특성과 6시그마의 정착 정도 등 현실과 관련된 다양한 변수들을 고려하여 평가 방법을 개선하여 적용해야 한다는 것이다.

우리 회사의 경우에도 이러한 맥락에서 평가 방식을 지속적으로 고민하고 개선하였으며 9차 Wave에서 평가 방식에 대한 대대적인 변경을 시행했다.

좀 더 자세히 설명하면 기존에 프로젝트를 BB과제와 GB과제로 단순 구분했던 것을 전사과제 · 총괄 지도과제 · 챔피언과제 · 부서과제의 4단계 구분으로 확대했다.

전사 과제는 회사 전체적으로 추진해야 할 Mega급의 프로젝트를 말하며 평가는 받지 않는, 회사의 혁신활동을 대표하는 상징적인 프로젝트의 성격도 가진다. 다음 단계인 총괄 지도과제는 각 총괄 단위에서 가장 우선적으로 혁신해야 과제들을 프로젝트로 진행하며 이에 대한 평가는 CEO가 100% 결정하도록 규정했다. 그 다음 단계인 챔피언과제는 각 총괄 단위로

구분		등급 부여 기준					
		S	A	B	C	D	합계
총괄지도과제							
챔피언 과제	지원						
	법인영업						
	개인영업						
	소계						
부서 과제							
합계							

T/O 배분

※프로젝트 유형별 평가 비중

구분 \ 평가자	CEO	총괄임원	사무국	상호
총괄지도과제	100%			
챔피언 과제		70%	20%	10%
부서과제		70%	30%	

그림 8-2. 프로젝트 평가등급 부여 기준

나누어 진행하고 평가하는데, 총괄 임원에게 평가점수의 70%를 배정함으로써 사무국은 각 과제에 대한 의견을 제시하는 수준에서 평가를 하고, 실질적으로는 총괄 임원이 평가 결과를 결정하는 방식을 규정했다. 마지막 단계인 부서 과제도 마찬가지로 각 총괄 임원이 프로젝트 성과에 대한 평가를 전담하게 된다.

이러한 평가 방식을 다시 한 번 정리하면, 총괄 임원이 직접 지도하며 진행하는 과제는 CEO가 100% 평가하고, 나머지 모든 과제들은 각 총괄 단위로 진행하며 총괄 임원의 평가 의견을 70% 이상 반영하여 평가의 실질적인 주체가 되도록 하는 방식이다.

이러한 평가 방법의 변경으로 3가지의 장점을 얻을 수 있었다.

1. 프로젝트의 성과와 더불어 가치까지 평가할 수 있다.

2. 프로젝트의 진행과 실행력도 동시에 높일 수 있다.

3. 평가결과에 대한 불만이 감소한다.

이러한 독특하고 독창적인 평가방식으로 회사의 2007년 혁신활동은 그 어느 해보다도 높았으며 또한 실질적인 성과를 창출했다고 판단한다. 물론 이러한 방식은 수 년 동안 6시그마를 도입, 정착시키는 과정에서 과제 운영 방식과 평가방식을 우리 회사에 맞게 진화시킨 결과물이다. 또한 회사가 갖게 되는 업종 상의 특수성을 최대한 반영하려고 고민한 결과물이기도 하다.

6시그마뿐만 아니라 경영혁신을 위한 어떠한 방법론에서도 동기관리와 성과평가는 매우 중요한 원동력이 된다. 혁신활동을 진행함에 있어 평가의 정확성과 공정성을 위해 고민하고 노력하는 만큼 기업의 혁신성공은 쉬워질 것이다.

혁신사무국에 한마디

혁신사무국 위주의 평가가 되다 보면 자칫 스킬 위주의 경쟁만 과도해질 수 있다. 현장을 가장 많이 아는 임원에게 평가 권한을 위임하는 것을 검토해 보라.

: TIP 27

교육도 혁신하라

6시그마는 교육으로 시작된다. 많은 회사들이 6시그마를 도입하면 우선 임원교육을 시작하고 전사적으로 확대하여 DMAIC의 각 단계를 중심으로 교육을 실시한다. 물론 우리도 그러한 과정을 통해서 6시그마를 도입하고 정착시켰다.

교육과정 중에서 가장 중요한 과정은 프로젝트 리더들을 대상으로 하는 교육이다. 이는 프로젝트의 성과에도 영향을 미칠 만큼 중요한 의미를 갖는다. 우선 6시그마에 대한 전반적인 소개와 함께 각 단계마다 해야 할 사항을 명확하게 학습하게 되며, 프로젝트 진행 시 직접 활용하게 될 주요 기법들을 익히게 된다. 이러한 프로젝트 리더 교육과정은 4박5일 정도의 집합교육으로 개설되었다. 그 내용을 살펴보면 혁신에 대한 Mindset을 특강 형식으로 진행하고 DMAIC의 단계를 일정시간 배정하여 이론 및 활용 Tool을 강의하고 사례를 통해 익히는 형식으로 구성되어 있다.

우리 회사는 프로젝트 리더들에 대한 교육을 이렇게 진행함과 더불어 전체 임직원들을 대상으로 한 교육을 주기적으로 실시해 왔다. 전체 임직원을 대상으로 한 교육은 'ABC+'라는 과정으로 6시그마에 대한 소개와 비교적 쉬운 수준의 방법론 교육을 시행, 화이트벨트를 운영하지는 않지만 화이트벨트를 위한 난이도 정도의 교육을 진행했다. 또한 '생활 속의 6시그마' 과정을 시행해 일상 생활 속에서 우리 모두가 흔히 부딪히게 되는 문제를 6시그마로 해결하는 과정을 소개해 6시그마에 대한 막연한 두려움과 거부감을 해소했다. (부록 참조) 그리고 신입사원 교육 과정 중에도 6시그마 교육을 추가하여 문제해결역량을 강화하고 있다.

그런데, 지금까지 진행되어온 Green Belt과정 시행에 큰 변화를 시도해야 할 계기가 생겼다. 전사 혁신동력을 확보하기 위해 우선 본사 직원 전원을 단기간 내에 GB로 육성한다는 계획을 세웠다. 기존에는 Green Belt 인증을 받으려면 4박 5일 집합 교육을 이수하고 1개 이상의 과제를 진행,

EVC 6시그마 교육 과정

구분	8:00	9:00	10:00	11:00	12:00	13:00	14:00	15:00	16:00	17:00	18:00	19:00	20:00	비고
1일차	09:30까지 개별 입소	과정안내	LIG손보 혁신방향	6시그마 이해	중 식	기초통계	과제선정	임원특강	석 식	D단계 (D.1)				
2일차	조 식	전일 과정 정리	D단계 (D.2, D.3)	중 식	M단계 (M.1, M.2)	석 식	M단계 (M.3)							
3일차	조 식	전일 과정 정리	A단계 (A.1, A.2)	중 식	A단계 (A.2)	석 식	A단계 (A.3)							
4일차	조 식	전일 과정 정리	I단계 (I.1, I.2)	중 식	I단계 (I.2, I.3)	C단계 (C.1, C.2, C.3)	린 6시그마	석식 겸 자유 토론						
5일차	조 식	전일 과정 정리	DMAIC단계 실습	중 식	DMAIC단계 실습	TEST	과정 정리	※준비물 : 노트북						

그림 8-3. 6시그마 도입 초기 프로젝트 리더 교육 과정

완료한 후에 인증시험을 합격해야만 했었다. 그래서 단기간 내에 다수의 벨트 인력을 양성하기 위해서 6시그마 사이버과정을 개발하였다. 그래서 시스템을 구축하고 교육 1기를 프로젝트 리더들을 중심으로 운영했으며 교육내용은 기초통계부터 DMAIC 단계별 집중교육, ERRC/린 6시그마 등 혁신방법론의 최근 트렌드까지 담았다. 과정 수료는 진도 30%, 과제(개인 업무 프로젝트 진행) 40%, 인증시험 30%의 배점으로 구성했으며 최종점수 80점 이상 취득 시 수료할 수 있다.

이렇게 개발된 6시그마 사이버 과정은 시간, 장소 및 강사의 구애를 받지 않고, 다수 직원들을 Green Belt로 육성시키는 데 큰 도움이 되었다. 또한 Black Belt급 프로젝트 리더들에게는 6시그마에 대한 일반적인 지식은 이 사이버 과정에서 익힐 수 있도록 하고, 기존 집합교육을 〈그림 8-5〉와

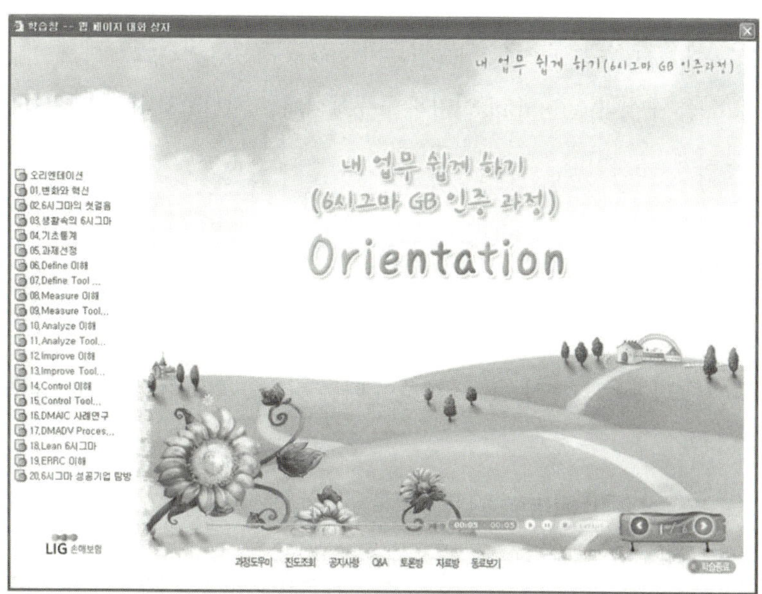

그림 8-4. 6시그마 사이버 과정

구분	8:00 9:00 10:00 11:00 12:00	13:00	14:00 15:00 16:00 17:00 18:00	19:00 20:00		비고
1일차	09:30까지 개별 입소 / 과정 안내 / 2008년 혁신방향 / 6시그마 이해	중 식	과제구체화 ① (Intro / Big Y Issue) / Best Practice 소개 (금융/보험권 Best Practice소개 (타사 MBB)) / 변화와 혁신 Mind set	석 식	계속 Goal	
2일차	조 식 / 과제구체화 ② (Intro / Little y issue / 잠정 원인)	중 식	창의적 아이디어 발상법 (외부 강사) / 과제구체화 ③ (Intro / Breakthrough Idea)	석 식	계속 Break through Idea	
3일차	조 식 / 과제구체화 ② (Intro / Action Plan / Team 구성 / Elevator Speech)	중 식	경영혁신 Mind set / 과제 구체화 실습 / 중간 발표/공유	석 식	계속 발표/공유	
4일차	조 식 / TRIZ이해 / Case Study / 문제정의	중 식	문제 분석 (모순 정의 / 이상성, 자원열거) / 아이디어 도출 (40가지 발명원리) / 아이디어 구체화 실습	단합 석식 (자유 토론)		
5일차	조 식 / 혁신 동영상 / 아이디어 구체화 실습 / 발표/공유	중 식	발표/공유(계속) / 과정 평가 / 귀가			

※ 모든 교육 참가자는 사이버 6시그마 과정을 반드시 수료하여야 함

그림 8-4. Black Belt급 프로젝트 리더 교육 과정

같이 사례 연구와 창의적 아이디어 발상에 필요한 교육 테마로 구성하여 이전보다 양질의 교육을 제공하도록 하였다. 즉, 리더들에게 과제의 Frame을 구성하고 Output 이미지를 구체화하는 시간으로 구성해 교육을 진행하게 된 것이다.

실제 교육과정을 변경하여 진행한 후 우리는 다음과 같은 성과들을 얻을 수 있었다.

1. DM단계를 집중적으로 진행하여 빠른 진도와 수준 높은 결과를 나타냈다.
2. 프로젝트 전체의 뼈대를 구성함으로써 향후 진행에 대한 어려움을 사전에 예측하고 대응을 준비하게 되었다.
3. 프로젝트 진행에 대한 구체적이고 치밀한 시간계획을 작성하게 되

었다.

4. 교육수료 후 결과물(Framework)을 스폰서 및 프로세스 오너, 워크그룹에게 보고하고 공유함으로써 각자의 역할과 미션을 부여하는 효과를 얻었다.

이렇듯 프로젝트 kick-off에 맞춰 대부분 시행되는 프로젝트 리더 교육과정은 프로젝트를 정의하고 범위를 규정하며 관련된 직원들의 역할을 확실하게 함으로써 좋은 효과를 얻을 수 있다. 그러기 위해서는 무엇보다도 과제가 사전에 어느 정도는 정의되어 있어야 한다는 조건을 필요로 한다. 다시 말하면 프로젝트를 수행하는 조직에게 중요한 'Big Y'로서 공감대를 얻고 있으며 시급하게 수행되어야 할 프로젝트임에 동의하여야 한다는 것이다. 이를 위한 좋은 방법은 6시그마의 스킬에 관련한 교육을 사전 사이버 6시그마 교육으로 대체하고 정식 집합 교육에서는 프로젝트에 대한 Framework를 집중하여 성과를 나타내는 것이다. 사이버 6시그마 교육시스템의 구축과 운영에 심혈을 기울이는 것도 이러한 이유와 관련이 있다.

혁신사무국에 한마디

과제 리더에게 스킬이나 방법론도 중요하지만 프로젝트에 대한 통찰력을 갖는 것이 중요하다.

: TIP 28

나눔과 경쟁을 즐기는 경진대회를 운영하라

기업이 6시그마를 추진하면서 과제 성과로 얻게 되는 재무적인 효과나 체질개선 효과만큼 중요한 것이 있다. 그것은 바로 새로운 기업문화를 조성할 수 있다는 것이다. 물론 저절로 이루어지는 것은 아니다. 왜냐하면 '나눔과 경쟁을 즐기는 문화'는 다른 사람의 성과를 나눔에 대한 자연스러운 거부본능과 경쟁에 대한 지나친 몰입을 극복하는 것이 기본이 되어야 하는데 이는 쉬운 일이 아니기 때문이다. 성과를 공유하는 것에서 얻는 시너지효과를 인식하여, 다른 사람의 성과를 진심으로 이해하고 축하하는 문화가 정착된다면 이는 기업혁신을 위한 중요한 밑거름을 확보한 것과 같다.

다시 말하면 혁신활동에서 쉽게 나타나는 문제점이 지나친 경쟁의식으로 인하여 자신의 성과를 과도하게 포장하는 것과, 다른 사람의 과제를 무조건 비난하는 것 등이다. 자신의 성과를 과장하는 것은 base line이나 output을 왜곡하는 것, 과정을 부풀리는 것 등의 문제가 나타날 수 있다. 또한 보험업의 특성상 동일한 업무를 수행하는 많은 직원이 있으며(영업관리자, 보상담당자, 인수심의담당자 등), 또한 반대로 수많은 업무가 세분화되어 있기도 하다. 이러한 상황은 자연스럽게 동일업무에 있어 다른 사람의 일하는 방식을 인정하지 않으며, 다른 업무의 가치를 인정하지 않는 문제로 나타나게 된다.

6시그마를 추진하면서 우리가 오랜 시간 동안 고민하고, 많은 시행착오를 거쳐 끊임없이 개선했던 것은, 보고와 평가 그리고 나눔과 경쟁, 심사와 보상의 문제였다. 이는 과제의 진행을 돕고, 개선을 위한 의지를 굳건히 하며, 성과에 대한 보람을 극대화하는 '보이지 않는 손'이라 할 것이다. 특히, 이러한 일련의 과정을 종합하는 결정판이라 할 수 있는 '경진대회'야 말로 긍정적 혁신문화를 확산시킬 수 있는 중요한 기회이다.

그동안 우리 회사가 8차 Wave까지 진행하면서 각각의 경진대회에 대한 Feedback을 통해 얻은 노하우를 몇 가지 소개하면 다음과 같다.

1. 과제 리더는 하고 싶은 말이 많다.

과제를 진행하면서 힘들었던 점, 주위의 도움에 대한 감사, 과제 분석을 하며 답을 찾았을 때의 희열, 성과에 대한 보람 등을 프레젠테이션에 모두 담아 표현하고 싶어한다. 하지만 이러한 욕구를 발표자료에 모두 표현하다 보면 다른 업무를 수행하고 있는 많은 사람들은 잘 이해하지 못하는, 너무나 주관적인 자료가 되어 버리는 경우가 많다.

그리고 무엇보다도 중요한 것은 프레젠테이션 역량의 차이에 의해 과제 성과가 왜곡되는 엄청난 오류가 발생하기도 한다는 것이다. 또한 개별 발표시간도 관리하기 힘들게 되어 깔끔하고 세련된 행사 진행을 방해하는 커다란 요인이 된다.

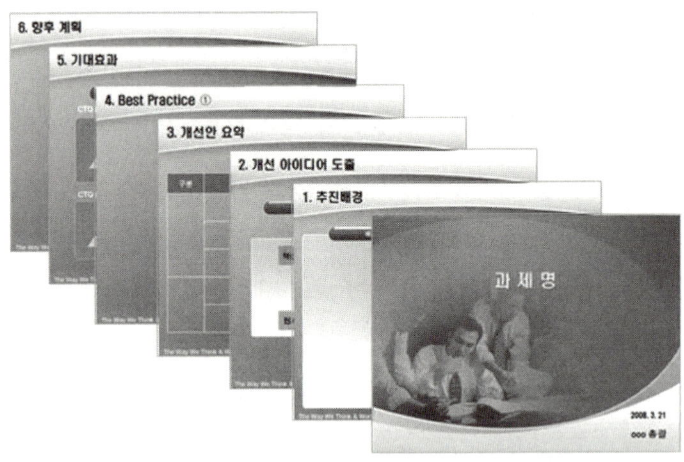

그림 8-6. 프레젠테이션 자료

프레젠테이션 자료는 템플릿을 사전에 작성, 배포하여 양식을 통일하는 것이 좋다. 개성이 없는 PT가 될 것이라 우려하는 사람이 많은데 절대 그렇지 않다. 오히려 과제 진행과 함께 일정시기에 진행되는 Tollgate Review, 또는 C/M(Consensus Meeting)에서 보고하는 자료는 과제의 특성이나 담당 조직의 현상을 반영하여 개성 있게 표현해도 좋다. 그러나 과제와 연관성이나 이해도가 낮은 다수의 사람들을 대상으로 하는 경진대회에서는 발표의 틀이나 형식과 관련된 부분을 규격화하여 일치시켜야 내용에 대한 이해도를 높일 수 있으며, 과정이나 성과에 대한 평가도 공정하게 이루어질 수 있다.

2. 경쟁이 아니라 축제의 장으로 기획하라.

경진대회는 자칫 지나친 경쟁으로 인한 과열된 분위기로 치우칠 수 있다. 일등을 위한 자리로 만들어 소수만이 기쁨을 얻어서는 안 된다. 프로젝트를 위한 노력들을 서로 치하하며, 함께 축하하고 회사 전체의 성과에 모두가 기뻐하는 축제로 기획하라.

특히, 당일 행사에서 입상자와 순위가 결정되는 방식은 많은 사람들의 실망과 불만으로 남게 되는 경우가 많다. 입상 프로젝트는 사전에 확정하여 성과발표 위주로 진행하고, 탈락한 프로젝트도 모두 소개하는 프로그램을 운영하라. 다시 말하면 경진대회의 목적은 혁신활동을 통해 얻은 성과를 공유하고 격려함으로써 혁신활동의 에너지를 재충전할 격려의 장, 축제의 장이 되어야 한다.

3. 기대 이상의 역할과 효과 – 혁신영상물

행사에서 영상물은 조금 건조하게 느껴질 수 있는 프레젠테이션의 사이사이에서 부드럽고 푹신한 완충제 역할을 한다. 또한 분위기를 환기시켜 새로운 발표에 대한 집중력을 크게 향상시키기도 한다. 그리고 행사 후 현업에 복귀해서도 회사와 나의 비전과 목표를 새롭고 굳게 정립시켜 열심히 노력하도록 하는 계기가 되기도 한다. 그러므로 혁신 영상물의 준비는 절대 소홀히 하지 말아야 한다.

발굴을 위한 모든 채널을 동원하라. 검색 가능한 콘텐츠를 최대한 많이 검토하라. 힘들게 찾아낸 혁신영상은 행사의 분위기와 성과를 극대화하는 최고의 양념이 될 것이며, 행사보다 더 오래 기억되어 많은 사람들의 가슴속에 밝은 희망으로 자리매김할 것이다.

4. 본선 미참가 과제들을 소중히 하라.

또 한가지 우리가 유의해서 준비해야 할 것은 본선에 참가하지 못하게 된 과제에 대한 배려이다. 과제를 소홀히 하거나 과제 리더들의 노력을 자랑스럽게 생각하지 않는다면 이는 기업에서 혁신활동에 대한 반감을 조성하는 결과를 만들어낸다. 행사장 입구나 로비, 대회장 내부 등 다양한 공간을 활용하여 과제들을 소개하고 과제 리더들의 노력을 치하해야 한다. 본선 참가와 미참가 과제의 차이가 크지 않음을 알리는 것이 목적이다. 나눔과 경쟁의 긍정적 혁신문화를 위한, 작지만 좋은 방법이 될 것이다.

우리 회사에서 혁신 경진대회를 진행하며 해가 거듭될수록 느끼는 생각은 행사도 분명 진화한다는 것이다. 과거 6시그마 도입 초기에는 6시그마의 안정적인 정착과 경쟁력을 높이기 위해 '6시그마 경진대회' 라는 행사 명칭을 사용했지만, 최근에는 프로세스 개선의 우수한 사례와 성과를

소요시간	행사 내용	비고
10:10~	행사 참석자 착석	시작전 영상
5분	개 회	오프닝 영상
5분	혁신활동 추진경과 보고	프레젠테이션
20분	전사과제/총괄 지도과제 소개	동영상
30분	우수 임원과제 발표	
10분	휴 식	
10분	혁신영상	동영상
40분	우수 부서과제 발표	
5분	2008년 혁신방향 소개	프레젠테이션
10분	시상 및 기념촬영	
5분	CEO 강평	
~12:30	폐회	LIG Song

그림 8-7. 6시그마 Best Practice Collection 진행순서

그림 8-8. Best Practice Collection

공유하기 위한 목적으로 '6시그마 Best Practice Collection'으로 변경하였다.

혁신사무국에 한마디

Best Practice를 공유함으로써 함께 즐기는 컨퍼런스 형태로 기획하라.

: TIP 29

벨트? 벨트!
– 벨트인증에 관한 이야기

벨트인증은 우선 기업 내에서 각각의 벨트가 갖는 의미를 먼저 구체화하는 것이 중요하다. 우리 회사의 경우 Green Belt(이하 GB)는 과제 해결을 위한 인적자원으로서, Black Belt(이하 BB)는 중요 프로젝트 수행을 위한 문제해결 인재 Pool로서, Master Black Belt(이하 MBB)는 경영혁신 핵심인재로서 관리된다. 이러한 관점을 바탕으로 각각의 역할이 정의된다.

먼저 GB는 프로젝트에 리더 또는 워크그룹으로 참여하여 고유한 개인업무를 수행하면서 부서단위 과제를 직접 수행하고, BB는 임원단위 과제를 직접 수행하면서 6시그마 경영에 필요한 통계지식, 적극적인 사고, 리더십을 바탕으로 문제해결을 위한 리더 역할을 담당하게 된다. 그리고 MBB는 혁신활동과 관련된 사내 컨설턴트 역할을 수행하면서 BB/GB가 수행하는 과제에 대한 멘토링 수행, Belt의 문제해결 역량 향상을 위한 교육 과정 개발 및 강의 수행의 역할을 담당한다.

구분	인증 자격 요건	인증 절차
MBB	• BB 인증자 • 전문 MBB 육성과정 이수 : MBB 인증시험을 실시하는 교육과정을 이수/합격해야 함 • 과제 4건 이상 멘토링 수행	사무국 추천 ↓ 인재개발 위원회 심의 ↓ CEO 인증
BB	• GB 인증자 • 6시그마 교육과정 이수 • 과제 2건 이상 수행(임원단위 과제 리더 1건 필수) • 인증 시험 합격자(80점 이상)	
GB	• 6시그마 교육과정 이수 • 과제 1건 이상 수행 • 인증시험 합격자(80점 이상)	사무국 추천 ↓ CEO 인증

그림 8-9. LIG손해보험의 6시그마 벨트 인증 기준

이와 같이 우리 회사는 6시그마를 도입한 2004년부터 EVC 6시그마 벨트 체계를 명확히 정립하고 경영혁신 핵심인재로서의 Roadmap을 제시하며 각 벨트들에게 부여된 책임과 역할의 중요성 및 활동 범위에 따라 인증기준 및 절차를 차별화하여 적용해 왔다. 그러면서 세 가지의 중요한 기준을 수립하게 되었는데 GB의 확대가 매우 중요하다는 것과 BB의 역량을 철저히 검증해 GB와의 엄격한 차별화를 이루어야 한다는 것, 마지막으로 MBB는 전문과정을 통한 별도의 인증절차를 운영하여 기업 경영혁신의 진정한 핵심인재로서 육성하고 관리하여야 한다는 것이다.

1. GB인증의 확대

GB의 의미는 앞서 기술한 대로 6시그마의 문제해결 방법론을 배우고 체득하는 데 있으며 문제해결의 인적자원으로서 중요하다. 또한, 향후 6시그마에 대한 거부감을 현장에서 스스로 상쇄시키는 아군(?)의 역할을 자연스럽게 수행하게 된다. 이런 의미에서 많은 직원들이 GB인증을 받는 것

을 목표에 두고 6시그마 문제해결 방법을 익힐 수 있는 것에 초점을 두어야 한다.

2. BB의 차별화

긍정적 효과를 위한 GB확대에 상응하여 반드시 관리되어야 하는 것이 BB의 차별화된 수준관리이다. BB들은 임원 단위의 중대형 프로젝트를 직접 수행하는 혁신리더들이다. 이 책의 앞부분에서도 거론했지만, 과제의 성패는 리더 역량에 많은 영향을 받는다. 지속적인 추진력, 프로젝트 진행 중에 직면하는 수많은 반대, 개선안에 대한 철저한 실행력 등 BB에 의해 프로젝트는 성공하고 실패할 수 있다. 이에 우리 회사는 BB부터 그 인증을 '인재개발위원회' 에 상정하여 최고경영진의 심사를 거치도록 규정하여 프로젝트 수행이나 인증시험으로는 검증할 수 없는, 기업 내 중요 프로젝트를 수행하는 문제해결 전문가로서의 자질을 검증하고 있다.

아울러 6시그마가 확산되고 정착될수록 소단위 6시그마 전문가로서 BB의 역할은 더욱더 중요해지기 때문에 지속적인 보수교육이 시행되어야 한다. 이를 위해 우리 회사는 6시그마 연구회 활동을 시행하고 있다. 이는 매월 개최되고 사례연구나 혁신관련 최신 트렌드를 소개하는 등의 내용으로 프로젝트 리더들과 기존 BB들의 혁신역량 강화에 기여하고 있으며 그 반응 또한 뜨겁다.

3. 경영혁신 핵심인재로서의 MBB육성

우리 회사는 MBB의 자격요건으로서 4건 이상의 프로젝트 멘토링, 전문 MBB육성과정 이수 및 인증시험 합격 등으로 규정하고 있다. 이러한

Catagory	내 용
혁신 Trend	• SEP, TRIZ, Lean, 창조경영 등 신경영혁신 기법 및 사례 공유 • 외부 세미나 참가
Mindset	• 임원 특강 • 업계/타사 혁신활동 동향 및 Issue • 타사/자사 Best Practice Case Study
Skillset	• 부문별 연구주제 선정 및 발표, Issue 예) 자산운용 부문 접목, 점포영업 성공사례, IT분야 추진사례, 인력 중심의 Biz에서의 6시그마 혁신사례 등

그림 8-10. 6시그마 연구회 내용

자격기준을 바탕으로 MBB는 혁신활동과 관련된 사내 컨설턴트 역할을 수행하면서 프로젝트를 지도하고, Belt의 문제해결 역량 향상을 위한 교육과정 개발 및 강의를 수행하고 있다.

여기서 우리가 중요하게 생각해야 할 부분은 MBB가 사내 중요 프로젝트에 대한 멘토링을 담당하기 때문에 프로젝트의 진행방향과 성과에 중대한 영향을 미칠 수 있다는 점이다. 또한 프로젝트의 리더들이 간과할 수 있는 것들을 제 3자의 입장에서 찾아주고 창의적 아이디어를 접목해서 개선안을 발굴하는 등 MBB의 역할과 중요성은 정말 크다고 할 것이다. 이러한 이유로 인하여 MBB는 6시그마 문제해결 능력뿐만 아니라 리더십, 커뮤니케이션 능력 등을 겸비한 사내 컨설턴트로 육성되어야 한다.

마지막으로 다시 한 번 강조하고 싶은 것은 벨트가 단순한 Grade로서 상징되어서는 안 된다는 것이다. 벨트의 의미를 명확하게 부여하고 각각의 역할에 맞도록 육성 관리하며 조화시키는 것은 혁신의 성공을 향한 톱니바퀴들을 하나하나 갈고 다듬고 정렬하여 그 작동이 한 방향으로 일치

되게 하는 아주 중요한 일이다.

혁신사무국에 한마디

GB 인증은 인색하지 않게, BB 인증은 허술하지 않게 관리하라.

6시그마 활동의 확산을 위해 GB를 육성하고, BB/MBB는 차별화된 역량을 보유한 경영혁신 핵심인재로 육성하라.

: TIP 30

재미있고 유익한 프로젝트 관리시스템

6시그마를 도입하면 필수적으로 운용하는 것이 바로 프로젝트 관리시스템이다. 시스템을 구성하고 활용하는 이유는 진행되는 많은 프로젝트들을 효율적으로 관리하고 또 쉽게 접근, 조회할 수 있도록 하기 위해서이다.

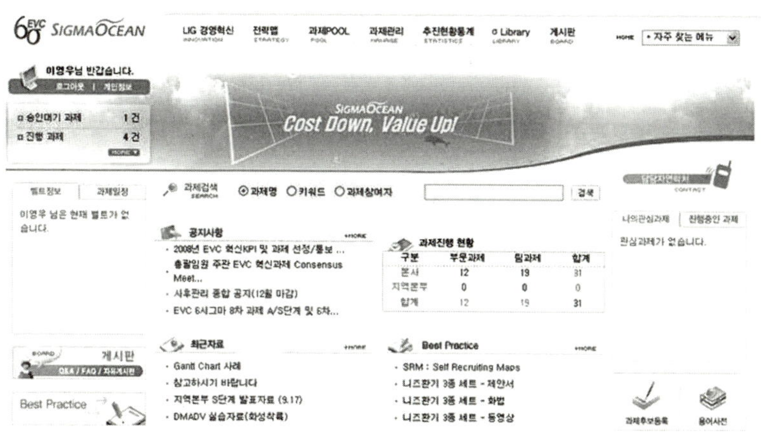

그림 8-11. 프로젝트 관리시스템

우리 회사도 이러한 목적으로 'SIGMA OCEAN'으로 명명한 시스템을 구축해 모든 프로젝트를 등록하고 단계별로 승인하는 일련의 과정을 탑재하여 관리할 수 있도록 했다. 초기 시스템 구성은 〈그림 8-11〉과 같다.

이러한 프로젝트 관리시스템을 구축할 때는 우선적으로 기업의 특성을 잘 이해하여 향후 시스템을 어떻게 활용할지 고려해야 한다. 그렇지 않으면 시스템의 활용도가 크게 낮아질 수 있기 때문이다.

또한, 사용절차 및 결제단계의 세분화 정도도 깊이 고민해야 한다. 복잡할수록 프로젝트의 진척도를 관리하거나 조건 검색 등의 측면에서는 유리하지만, 부가적인 업무가 증가하여 사용자들의 불편을 초래하기도 하는 역기능을 갖는다.

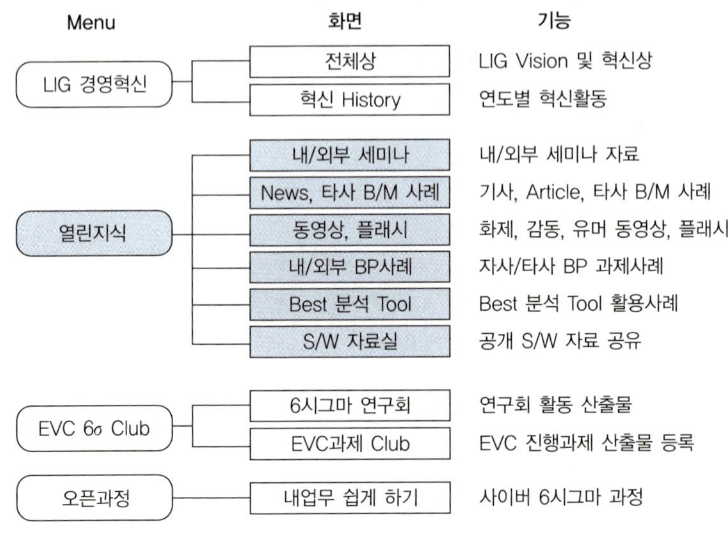

그림 8-12. LIVE 시스템 구성

이러한 경험을 바탕으로 우리 회사는 최근 'SIGMA OCEAN' 을 'LIVE' 라는 명칭으로 시스템 개편을 〈그림 8-12〉와 같이 진행했다. 시스템 개편의 컨셉은 '유익한, 재미있는, 감동 있는 시스템' 이다.

시스템을 구축할 때 우선적으로 고려한 것은 혁신활동 추진에 따른 업무 부담을 경감시키는 것이었다. 다양한 문제해결 방법론, 분석 Tool, Best Practice 사례, 벤치마킹 사례, 보고서 표준양식 등을 제공하여 프로젝트 수행에 필요한 모든 자료를 탑재하기 위해 노력했다. 또 다른 개편 방향은 혁신활동에 '재미' 와 '감동' 을 결합, 혁신 Mind를 고취하는 것이다. 이를 위해 멀티미디어 자료(사진, 영상, UCC 등)를 공유함으로써 임직원의 관심을 유도했다.

궁극적으로 LIVE 시스템은 '종합 Solution 창고' 로서 아래와 같은 목적으로 구축되었다.

- 방대하고 다양한 분야의 자료 축적
- 분야별 전문인력 포럼/블로그 활성화
- 지식 마일리지 운영을 통한 지식 공유
- 시스템과 회원, 회원과 회원간 쌍방향 네트워킹

언급된 목적에 맞게 시스템이 운영된다면 6시그마에 대한 거부감을 해소하고 6시그마에 대한 동기를 부여하여 추진력을 확보할 수 있다. 그리고 최신 지식이 항상 담겨 있는 유익한 사이트로 정착된다면 기업의 혁신활동을 견인하는 아주 중요한 도구가 될 수 있다. 이렇듯 혁신담당자들은 임직원에게 혁신이 어렵지 않고 즐거우며 반드시 필요하다고 인식될 수 있도록 노력해야 한다.

혁신사무국에 한마디

6시그마 프로젝트 관리시스템은 단순히 프로젝트를 관리하기 위한 시스템이 되어서는 안 되고, 다수의 임직원들을 대상으로 변화관리에 필요한 다양한 정보와 지식이 제공하는 시스템이 되어야 한다.

Chapter 9

경영혁신과 6시그마

초기 6시그마는 제조업 품질불량의 요인을 축소하는 데 초점을 두고 시작했으나, 이제는 품질이 경쟁우위의 핵심이 아니라 기술과 디자인, 비즈니스 모델이 경쟁에서 더욱 중요해지고 있으므로 초창기 방식의 6시그마는 분명히 한계를 드러내고 있다. 마이클 해리는 늘 품질향상만으로 세계 최고의 기업이 될 수 있다고 주장하고 이를 달성하기 위해 무던히 노력했지만 자신이 몸 담았던 모토로라는 몰락의 길을 걸었고 결국 과거의 6시그마는 더 이상 경영혁신의 바이블이 아니라는 평가가 제기되고 있다. 따라서 현재 한국의 많은 기업들이 앞다퉈 도입하고 있는 6시그마의 효용과 한계를 통해 현재의 경영혁신 트렌드를 짚어보면서, 향후 6시그마의 발전 방향에 대해서 예측해 보고자 한다.

Six Sigma

6σ, The Way We Think & Work!

1. 경영혁신의 중요성

"아무리 뛰어난 기업이라도 혁신을 멈추면, 결국 능력을 발휘하지 못하고 자연스럽게 도태되기 마련이다. 따라서 기업이 지녀야 할 가장 중요한 능력을 꼽으라면 그것은 바로 혁신역량이다."

과거에는 기업의 평균수명을 30년 정도로 잡았지만 오늘날 기업의 평균수명을 보면 갈수록 짧아지는 경향을 보이고 있다. 요즘에도 장수기업이 없는 것은 아니다. 장수기업의 비결을 살펴본 바, 그 기업의 전략과 사업구조와 운영형태는 과거와는 전혀 다른 기업이라고 해도 과언이 아니었다. 즉 기업은 쉴 새 없이 변화하는 환경변화에 대응해 끊임없이 진화하지 않으면 생존이 불가능하다. 게임시장에서 독보적인 위치를 차지하고 있는 닌텐도의 경우를 보더라도 원래는 화투와 카드를 만드는 회사에서 게임기 회사로 변신했고, IBM의 경우도 원래는 메인 프레임 중심의 하드웨어 회사로 어려움을 겪다가 PWC 인수를 통해 종합 솔루션을 제공하는 서비스 회사로 변신했다. 최근에는 레노보에 PC사업부를 매각하고 서비스사업에 매진함으로써 세계 최대 IT서비스기업으로 도약했다. 장수기업의 대표주자로 거론되는 GE의 경우를 보더라도 끊임없는 사업의 매수와 매각을 통해 사업포트폴리오를 변화시켜가고 있으며 최근에는 GE의 모태라고 할 수 있는 가전부분에 대한 매각까지도 검토하고 있다.

이와 같이 기업은 끊임없이 진화하지 않으면 생존할 수 없으며 이러한 기업진화에 대한 이슈를 다루는 것이 바로 경영혁신이다. 과거 경영혁신

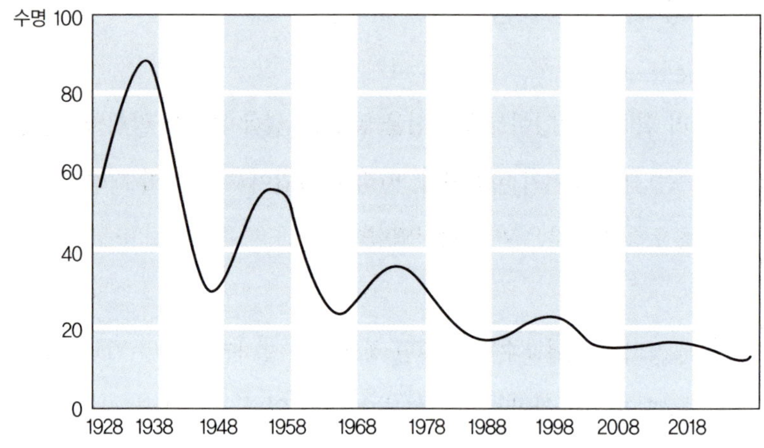

그림 9-1. S&P 500 기업들의 연도별 수명
자료출처 : 〈창조적 파괴〉, 포스터와 카플란

을 너무 방법론 중심으로 다루다 보니 경영혁신을 방법론과 동일시하였고 경영혁신을 일시적인 유행으로 인식하는 경향이 많았다. 그동안 비즈니스 세계는 과학적 관리, 통계적 공정관리, 품질관리, 도요타 생산방식(TPS), TQM, 리엔지니어링, 벤치마킹, CRM, ISO 9000, TRIZ, 6시그마 등 많은 경영혁신 방법론을 도입했으며 이러한 유행에 편승하지 않으면 곧 회사경영이 위기에 처할 것처럼 경영컨설턴트들이 기업에 홍보해 왔다.

그러나 경영혁신의 본질은 이러한 방법론에 있는 것이 아니라, 시장과 고객과 기술의 변화에 따라 기존의 제품이나 비즈니스 모델을 폐기하고 새로운 제품이나 비즈니스 모델을 도입함으로써 지속적인 경쟁우위를 확보하는 데 있다. 피터 드러커는 자신의 저서인 〈미래경영〉에서 다음과 같이 말했다. "모든 기존의 생산품과 생산과정, 서비스는 그것이 단종되는 그날부터 쓰레기로 변하기 시작할 것이다. 그리고 기존의 생산품과 생산과정, 서비스를 스스로 파괴해 나가는 것이 경쟁자와의 싸움에서 이기는 유일한 방법이다."

이와 같이 경영혁신은 결코 일시적인 유행이 될 수 없는 기업경영의 필수적이고 본질적인 문제이며 경쟁우위의 원천인 것이다. 그러나 경영혁신을 방법론에 집착하여 추진하다 보면 경영혁신의 범위가 지나치게 한정되거나 현실과 맞지 않는 부분이 발생하게 되며, 또한 책임을 모면하기 위한 전시성 혁신이 판을 치게 될 것이다. 이러한 과정이 반복되다 보면 경영성과는 나지 않고 혁신에 대한 피로감으로 혁신이 실패하게 되는 것이다.

경영혁신이 잘 정착되지 않는 것은 경영환경이 끊임없이 변화하고 기술혁신에 따라 경영혁신의 패러다임이 계속 바뀌기 때문이다. 19세기에 증기기관이 처음 도입되었을 때 그 성능은 형편없는 수준이었다. 그래서 범선업체에서는 처음에는 증기기관을 무시하고 사업을 할 수 있었으나 증기기관의 성능이 점점 개선되자 위기의식을 느끼기 시작했다. 그래서 일부

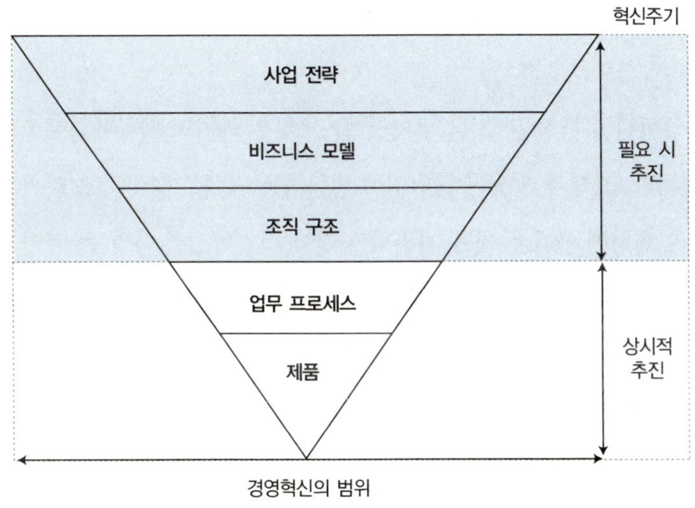

그림 9-2. 경영혁신의 범위와 주기

업체는 새로운 혁신을 수용하고 범선을 대신해 증기선으로 전환을 했지만 많은 업체들은 범선의 속도를 빠르게 하고 적재능력을 높이기 위해 범선의 크기를 확대하고 돛대를 증설하는 데 주력했다. 그러나 자연의 바람을 이용한 범선은 증기기관의 성능이 개선될수록 증기선의 경쟁 상대가 될 수 없었다. 범선이 배의 크기와 돛대의 숫자를 늘리면 늘릴수록 그만큼 위험성도 커졌다. 증기선이 취항한 지 69년이 지난 1907년 12월 드디어 올 것이 오고 말았다. 공교롭게도 이 날은 서양인들이 싫어하는 '13일의 금요일' 아침이었다. 7개의 돛대와 최대 화물 적재능력의 위용을 자랑하던 '토마스 로슨호'가 잉글랜드 남서부 실리제도 앞바다에서 폭풍에 전복되고 만 것이다. 이 사고로 승무원 17명 중 15명이 사망했고 그 이후 대서양 항로에서 범선은 사라져갔다. 변화의 흐름을 잘못 읽고 기존 틀에 집착한 혁신을 시도하다 사멸의 길을 걸은 것이다. 무조건 혁신을 한다고 다 성공하는 것은 아니다. 혁신의 성공은 변화의 방향 즉, '올바른 패러다임'과 '변화의 속도'가 좌우한다는 것을 잊지 말아야 한다.

경영혁신의 가장 큰 적은 무엇일까? 그것은 과거의 성공체험에 안주하는 것이다. 고객과 시장이 끊임없이 변화하는 데에도 불구하고 과거의 방식에 연연하여 새로운 것을 거부하는 것이 경영혁신의 가장 큰 적인 것이다. 실패는 대부분 성공의 경험에 지나치게 의존하여 발생한다. 흔히 "우리가 만들어낸 상품이 좋기 때문에 잘 팔린다.", "다른 업체들의 추격은 있을 수 없다."라는 자만심은 성공했기 때문에 생기는 마음이며 바로 그러한 자만심이 곧 사업의 정체와 하락으로 이어진다. 성공으로 인해 마음속에 생기는 교만, 자만, 안이함, 타성이 지금의 성공을 실패로 이끄는 것이다.

예를 들어 소니는 첨단기술의 영역이었던 평면 브라운관만을 고집하는 바람에 액정TV나 플라스마TV로 이동하는 것이 늦어 심각한 어려움에 빠졌다. 성공이라는 달콤한 술에는 반드시 숙취가 따라온다. 특히 오늘날과 같이 변화가 심한 시대에는 플러스가 눈깜짝할 사이에 마이너스로 바뀌고, 유리함은 불리함으로, 또 지금까지의 장점은 약점으로 변해 족쇄가 되어 버린다. 고객과 시장 그리고 기술변화의 동향을 긴밀하게 관찰하고 새로운 시각으로 제품과 일하는 방식을 바꾸는 혁신이야말로 기업이 항상 간직해야 할 성공의 가장 중요한 조건일 것이다.

2. 경영혁신에 대한 패러다임 변화

경영혁신을 추진하다 보면 많은 오해와 왜곡된 시각을 접하게 된다. 가장 많이 접하는 것이 우리 실정과는 맞지 않다는 이야기와 경영혁신 때문에 업무가 새롭게 늘어난다는 이야기다. 이러한 현상은 혁신의 초기 학습효과가 낮은 단계에서 어쩔 수 없이 발생하지만, 이런 현상이 개선되지 않고 지속된다면 혁신추진방법이나 변화관리상 문제가 있는 것으로 혁신을 성공적으로 추진하기가 어렵다. 이런 불평이 혁신추진과정에서 발생하지 않도록 유의해야 하며 이러한 논리를 빠른 시간 내에 극복하지 못하면 어떠한 혁신활동도 성공적으로 정착시키기 어렵다.

경영혁신을 성공적으로 추진하기 위해서는 혁신의 추진주체부터 혁신에 대한 제대로 된 인식과 새로운 시각을 가져야 한다. 즉 경영혁신을 방법론적으로 접근하기 이전에 '새로운 시각으로 문제를 발견하고 이를 바꿔나가는 것이 혁신' 이라는 것을 잘 인식하고 있어야 한다. 즉 회사에 최신 유행하는 방법론을 도입하는 것이 혁신의 관건이 아니라, 창의적 발상을 통해 문제를 해결하고 한계를 돌파하는 것이 중요하다. 어려운 방법론보다 새로운 시각을 가지는 것이 혁신의 출발점이라는 관점에서 혁신의 일반적 원칙과 적용사례를 몇 가지 살펴보자.

가. 단순화의 원칙

일반적으로 미국의 모든 외과의사들은 그들 각자가 어떠한 수술이라도 할 수 있도록 고유의 수술용 도구세트를 갖고 있다. 미국의 스탠포드 대학병원의 흉부외과 의사들 역시 각각의 다른 수술을 위해 개인적으로 평균 6가지 정도의 수술용 도구세트를 갖추고 있다. 이 병원의 린 프로젝트팀은 모든 외과의사들이 모인 자리에서 "수술용 도구세트 중에서 없앨 수 있는 것은 없을까?"라는 질문을 했다. 초기에는 대부분의 외과의사들이 매우 회의적이었지만 시간이 흐르면서 서로 다른 6종류의 수술용 도구세트가 치료서비스 품질에 큰 영향을 주지 못한다는 사실을 깨달았다. 몇 번의 회의를 통해 불필요한 도구세트를 분류해 냈고 단지 몇 개의 한정된 타입의 장비로 축소 구입할 수 있게 되었다. 또한 많은 양을 좀 더 싸게 구매해 필요할 때 즉시 지급할 수 있도록 만들었다. 그 결과 매년 재료비를 2,500만 달러씩 절감했으며, 의료부문의 서비스품질도 크게 향상시킬 수 있었다.

나. 기본 재확인의 원칙

2006년 미국품질협회 품질대상을 수상한 신시내티병원의 사례도 병원의 성공은 첨단기기의 투자가 아니라 소프트웨어의 혁신 덕분이라는 것을 알 수 있다. 병원에서 의료사고는 기본적인 사항을 무의식적으로 간과할 때 발생한다. 이 병원에서는 수술을 앞둔 전 의료진이 '30초간 여유시간'을 가지고 기본사항을 체크하게 함으로써 환자의 세균감염을 50% 감소시키고 의료비를 100만 달러나 절감할 수 있었다.

다. 핵심에 대한 집중의 원칙

위에서 언급한 신시내티병원의 또 다른 혁신 사례는 낭비요인을 분석한 결과 수술실의 낮은 가동률이 문제가 되었다. 신시내티 병원의 경우 수술실이 20개인데 긴급수술이 예정에 없이 끼어들기 때문에 수술실의 가동률이 낮을 수밖에 없었다. 이를 해결하기 위해 수술실 2개를 긴급수술용으로 배치하고 18개 수술실에서는 예정된 수술을 하게 함으로써 수술 건수는 늘리고 의사들은 정시 귀가 효과를 거둘 수 있었다.

라. 분리의 원칙

TRIZ기법에 의하면 물리적 모순을 해결하기 위해서는 공간, 시간, Scale의 분리의 원칙을 활용한다. 예를 들면 치과의사가 환자를 보는 효율성과 신속한 서비스를 위해 치료실을 2개 마련해 놓고 치료 준비시간의 절약과 치료의 형태에 따라 신속한 서비스를 제공하는 시스템이다. 스케일링을 받는 환자를 위해 다른 환자가 기다릴 필요가 없이 스케일링은 전문간호사가 처리하고 의사는 다른 치료실에서 다른 환자를 치료함으로써 서비스의 품질과 생산성을 높일 수 있다. 또한 여러 명의 치과의사들이 공동으로 병원을 운영함으로써 접수업무와 치료실의 공유를 통해 더욱 생산성을 높일 수 있게 된다.

이와 같이 경영혁신은 방법론이 중요한 것이 아니라 문제의 핵심을 파악하고 기존의 통념을 혁파하는 창의적인 아이디어를 통해서 훌륭한 성과를 창출하는 데 그 핵심이 있다. 알고 나면 단순하지만 고정관념과 기존의 통념에 의해 불가능하다고 인식하고 있는 것을 극복할 때 위대한 아이디어가 탄생한다는 사실을 잊지 말아야 하겠다.

3. 6시그마의 효용과 한계

6시그마는 한국에 도입된 이후 경영혁신의 가장 대표적 방법론으로 자리 잡고 있다. 6시그마는 태생적으로 품질불량의 요인을 축소하는 데 초점을 두고 시작해 비용감소, 제품설계, 프로세스의 설계분야가 추가되었고 제조업뿐만 아니라 금융, 서비스업 등 업종을 막론하고 모든 분야로 확산되었다. 또한 TPS를 대표주자로 하는 린경영을 접목하여 린6시그마로 발전했다. 우리나라의 삼성전자나 LG전자가 세계적인 전자회사로 도약한 데에는 분명 6시그마의 기여도가 큰 것으로 판단된다. 적어도 품질문제에 있어서만큼은 우리가 세계적인 제품을 만들 수 있는 인프라를 제공한 것이 6시그마라고 할 수 있다.

그러나 기술혁신과 비즈니스 모델 변화라는 보다 근본적인 변화에는 효과적으로 대응하는 데 분명히 한계를 나타내고 있다. 이제는 품질이 경쟁우위의 핵심이 아니라 기술과 디자인, 비즈니스 모델이 경쟁에서 더욱 중요해지고 있으므로 품질 중심의 6시그마는 분명히 한계를 드러내고 있는 것이다. 마이클 해리는 늘 품질향상만으로 세계최고의 기업이 될 수 있다고 주장하고 이를 달성하기 위해 무던히 노력했지만 자신이 몸담았던 모토로라는 몰락의 길을 걸었고, 6시그마는 더 이상 경영혁신의 바이블이 아니었던 것이다.

또한 금융서비스업의 경우에도 분명히 프로세스가 존재하고 있지만 그러한 프로세스는 제조공정과는 성격이 상이하며 금융서비스업 품질 수준의 경우 절대적인 기준을 잡는 것이 의미가 없는 경우가 많으므로 금융서비스업의 품질 수준을 시그마 수준으로 평가한다는 것은 의미가 없다. 그 많은 통계적 tool을 활용해서 문제를 분석하고 인과관계를 찾다 보면 주객이 전도되는 경우가 허다하게 발생하고 결국 6시그마 과제라는 것이 많은 문서작업으로 오히려 업무가 가중됨으로써 현장을 더욱 어렵게 하는 경우가 발생된다. 이러한 과다한 분석은 문제해결을 위한 참신하고 한계를 돌파하는 해결안을 찾는 데 오히려 방해가 되는 경우가 많다.

GE의 경우를 보더라도 잭 웰치 회장은 6시그마를 통해 제품의 품질과 비용절감에 괄목할 만큼의 성과를 거두었다. 그러나 후임자인 제프리 이멜트(Jeffrey Immelt) 회장은 GE가 경비절감과 원활한 업무가 아니라, 신제품을 개발하고 혁신을 이루어야 계속 성장할 수 있다고 믿었다. 이멜트 회장의 새로운 접근방법은 위험을 무릅쓰고 회사를 혁신해야 했다. 그는 기존의 기업문화와 싸우지 않을 수 없었고 관리자와 직원이 일하는 구조를 근본적으로 뜯어고치기 시작했다. 또한 창의적 아이디어를 활성화하기 위해서 기존의 내부승진 관행을 깨고 다양한 아이디어와 시각을 가진 외부 인물을 기용했다.

기존의 직원에 대해서는 관리자가 아니라 맡은 분야의 열렬한 전문가가 되라고 격려했다. 이와 같이 GE도 6시그마에서 창의적 경영으로의 전환을 꾀하고 있다.

빅 싱크 전략: 트로이전쟁은 하룻밤에 끝났다

(번트 슈미트, 한국경제, 2008. 5.28)

트로이 목마는 남과는 전혀 다른 큰 생각으로 성공을 거둔 '빅 싱크(Big Think) 전략'의 대표적 사례라고 할 수 있다. 기업에서의 성공논리도 마찬가지다. 의사결정자들이 점진적 개선에 불과한 계획짜기에 매달려 있으면 성과를 낼 수 없다. 독창적인 큰 생각으로 새로운 전략을 만들어낼 수 있어야 한다. 미국의 음악시장을 보라. 몇 년 전까지만 해도 이 시장은 업계 전체가 디지털 저작권을 둘러싼 논쟁과 소송에 얽혀 미래 전망이 암울했다. 이때 음악과는 전혀 상관이 없던 애플의 스티브 잡스가 아이팟과 아이튠 등 새로운 라이프스타일 상품으로 온라인 음반시장을 평정했다. 슈퍼마켓 시장에서도 큰 변화가 있었다. 홀푸드는 품질에는 별로 신경 안 쓰던 슈퍼마켓 업계에서 다른 길을 걸었다. 건강에 좋고 신선하며 영양 많은 유기농 농산물로 승부를 걸었다. 애플이나 홀푸드는 기존관행을 깨는 담대한 아이디어로 성장기회를 잡은 '빅 싱크 전략'의 사례들이다.

이러한 문제점과 한계에도 불구하고 6시그마가 지속적으로 주목을 받고 있는 이유는 무엇일까?

첫째, 6시그마가 처음에는 품질개선기법으로 시작했지만 시간이 지남에 따라 과제의 종류와 폭이 넓어지고 다양해짐으로써 보다 종합적인 문제해결 기법으로 발전하고 있기 때문이다. 이제 6시그마가 비단 품질개선과 비용절감 문제뿐만 아니라 마케팅에 관한 과제도 폭넓게 다루고 있다.

둘째, 초기의 6시그마는 통계적 분석기법 중심으로 문제해결을 위한 구체적인 방법론이 미흡하였으나 최근에는 다양한 문제해결 스킬과 TRIZ와 같은 다른 혁신방법론을 접목하는 개방형 프레임워크로 진화하고 있기 때문이다. 특히 6시그마가 금융서비스업에도 통할 수 있는 것은 통계적 분석 기법에 집착하지 않고 종합적인 문제해결 기법으로서의 유연성을 가지고 있기 때문이다.

셋째, 6시그마의 가장 큰 장점은 혁신의 구심점인 Change Agent를 양성하기 위한 벨트제도와 변화관리를 위한 Wave제도가 잘 정비되어 경영혁신활동을 체질화하기가 비교적 용이한 구조를 가지고 있다는 점이다. 물론 Wave제도는 6시그마가 정착되고 체질화되면 그 중요성이 떨어지지만 초기에는 혁신활동을 효과적으로 관리하기 위해 매우 유효한 수단인 것이다. 벨트제도는 초기에는 혁신을 주도할 Black Belt, Master Black Belt의 양성이 중요하지만 시간이 지나면 혁신을 체질화하기 위한 전 직원의 Green Belt화하는 것이 더욱 중요한 이슈가 될 수 있다. 이러한 6시그마의 기업체질화 전략을 통해 전 직원이 한 방향으로 나아가도록 하는 데 6시그마의 강점이 있는 것이다.

앞서 이야기한 것과 같이 6시그마의 유용성과 한계를 분명히 인식하는 한편, 경영전략과의 연계성을 강화하고 다양한 혁신방법론을 수용하여 산업의 특성과 자기 회사의 실정에 맞게 유연하게 적용하고 발전시켜 나간다면 6시그마는 여전히 가장 훌륭한 경영혁신 기법이라고 확신한다. 다만 6시그마가 경영혁신의 전부라고 착각하고 시장변화에 따른 전략적 이니셔티브를 소홀히 한다면 그 기업은 결국 어려움을 겪게 될 것이다. 올바른 전략의 설정과 추진 하에 실행력과 운영효율성을 높이는 수단으로서 6시그마를 이해해야 성공적인 기업활동을 유지 발전시킬 수 있는 것이다.

마이클 해리의 6시그마 리더십 원칙

1) 모든 것에는 항상 원인이 존재한다.

2) 무엇을 모르는지 인식하지 못한다.

3) 측정할 수 없는 것은 향상시킬 수 없다(측정을 통해 경향을 파악하면 새로운 질문을 할 수 있다. 이것이 바로 리더십이다).

4) 똑같은 질문은 항상 똑같은 결과를 낳는다.

5) 결과를 바꾸려면 질문을 바꿔야 한다.

6) 감정이 아니라 사실에 근거하여 경영한다.

7) 행동을 바꾸려면 가치관을 변화시켜야 한다.

8) 미래를 예견하려면 관측치를 분석한다.

9) 공로에 대한 인정도 좋지만 보상은 더욱 효과적이다.

10) 리더십 앞에서는 불명확함이 바로 사라지게 된다.

11) 조금의 열망도 없다면 학습은 일어나지 않는다.

12) 모든 결점이 위험을 불러오지만 모든 위험이 결점이 되는 것은 아니다.

13) Application과 Deployment는 별개이다. 6시그마 확산을 위한 전략을 별도로 수립하라.

14) 변화의 속도는 절대적인 것이 아니라 결정되는 것이다.

15) 아이디어를 적극적으로 발굴할 수 있도록 성공 사례에 대해 이야기한다.

16) 비난이 쏟아지면 목표치를 넘어선 것이다(조직에서 불평 소리를 듣지 않으면 목표치를 넘지 않았다는 것이다).

17) 식사를 하려면 음식부터 해동시킨다(일에는 순서가 있는 법이다).

18) 뛰어난 아이디어로 신 사고의 거대한 해일을 일으킨다.

19) 사람이 아니라 시스템을 바꾸어야 한다.

20) 목표를 높게 잡으면 업무방식을 돌아보게 된다.

4. 경영전략과 6시그마

6시그마가 혁신의 방법론으로서 한계가 있는 것은 분명하지만 그렇다고 6시그마가 무용지물인 것은 결코 아니다. 6시그마의 효용과 한계를 분명히 알고 또한 비즈니스와 문제의 특성에 맞게 적절히 발전시켜 활용한다면, 6시그마가 만병통치약은 아니지만 문제해결을 위한 방법론으로서 가장 강력하고 효과적인 것은 의심할 수 없는 사실이다.

일류기업이 되기 위해서는 우수한 전략과 이러한 전략을 실행으로 옮겨 탁월한 성과를 창출하는 운영효율성(Operational Excellence)을 반드시 갖추어야 한다. 전략은 남과는 다른 차별화가 가장 중요한 요소로서 비즈니스 모델, 사업구조, 상품 및 서비스를 경쟁사와 차별화해 경쟁우위를 갖기 위한 것이다.

임진왜란 때 이순신 장군이 일본과의 해전에서 전승을 거둘 수 있었던 것도 일본수군과는 차별화되는 전략을 가지고 있었기 때문이다. 당시의 해전은 배를 근접시킨 후 선상 육박전에 의해 승부가 결정되었지만 전국시대 100년 동안 내전으로 잘 단련된 일본군을 종래의 전략과 전투 방법으로 이긴다는 것은 불가능했다. 이 때문에 근접전에 의한 선상육박전을 피하고 유리한 지역으로 적을 유인한 후 우수한 성능의 함포를 활용하여 적을 공격함으로써 해전의 개념을 새롭게 정립했다. 이로써 23전 전승의 불패신화를 수립해 조선을 일본의 침략으로부터 방어했다. 그후 일본해군은 이순신 장군을 신과 같이 숭배했고 이순신 장군의 전략을 철저히 연구한 결과, 1905년 러일전쟁에서 일본해군이 러시아의 발틱함대를 궤멸시키는 전략적 단초가 되었다.

운영의 효율성을 흔히 전략과 혼동하는 경우가 많지만, 운영효율성은 동일한 사업을 유사한 방식으로 수행할 경우에 우수한 인력, 시스템과 기업문화 등을 통해 탁월한 성과를 창출하는 능력이다. 일반 항공사와 비교해서 저가 항공사의 비즈니스 모델은 분명히 차별화된 전략이지만 사우스웨스트 항공사가 탁월한 성과를 창출할 수 있었던 것은 남들이 모방하기 어려운 탁월한 운영효율성을 가지고 있었기 때문이다.

기존의 항공사들이 저가 항공사 비즈니스 모델을 도입해 운영했지만 대부분 실패했는데 이것은 운영효율성을 성공적으로 확보하기 위한 무형의 자산을 갖추는 데 실패했기 때문이다. 우수한 시스템, 충성심이 강한 잘 훈련된 직원, 이러한 것을 뒷받침하는 교육체계 및 이기는 기업문화는 쉽게 모방하기 어려운 무형자산인 것이다.

탁월한 기업의 성공요소를 전략과 운영효율성의 관점에서 이해한다면 6시그마가 사업분야와 사업방식을 결정하는 전략의 분야까지 포괄하기에는 무리가 있지만 운영효율성의 관점에서는 가장 강력한 도구가 될 수 있다고 생각한다. 따라서 6시그마를 만병통치약으로 인식하지 않고 전략과의 철저한 연계 하에 운영효율성을 극대화하기 위한 강력한 혁신도구(tool)로 활용하고 진화시켜 나간다면 6시그마의 유용성은 더욱 높아질 수 있다. 또한 전략과 6시그마를 대체관계가 아닌 보완관계로서 이해하고 활용할 때 그 기업은 진정한 초우량기업으로 도약할 수 있을 것이다.

모토로라는 6시그마를 도입해 품질을 획기적으로 개선함으로써 경쟁우위를 확보하고 성공을 거둘 수 있었지만 전략적인 측면에서 실패를 했기 때문에 어려움을 겪었다. 반면 L전자는 6시그마를 성공적으로 도입했지만 전략적 이니셔티브의 미비로 어려움을 경험하고 경영진의 교체와 전략을 보완함으로써 좋은 성과를 창출하고 있는 것도 이러한 전략과 6시그마의 보완적 관계를 잘 설명해 주고 있다.

전략의 실행사이클 관점에서 살펴보더라도 전략을 수립하고 나면 이러한 전략을 추진하기 위한 구체화 작업이 필요하고, 구체화된 계획을 실행함으로써 성과를 얻게 된다. 사업성공을 위해서도 올바른 전략과 이를 효과적으로 구현하기 위한 혁신방안 또는 혁신방안을 성공적으로 추진할 수 있는 효과적 전략이 결합될 때 성과를 창출할 수 있는 것이다.

결론적으로 정리해 보면 전략이 성과를 창출하기 위해서는 실행력이 뒷받침 되어야 하며 이러한 실행력은 운영효율성과 밀접한 관련이 있다. 〈그림 9-4〉에서와 같이 기업이 지속적인 성과를 창출하기 위해서는 강한 전

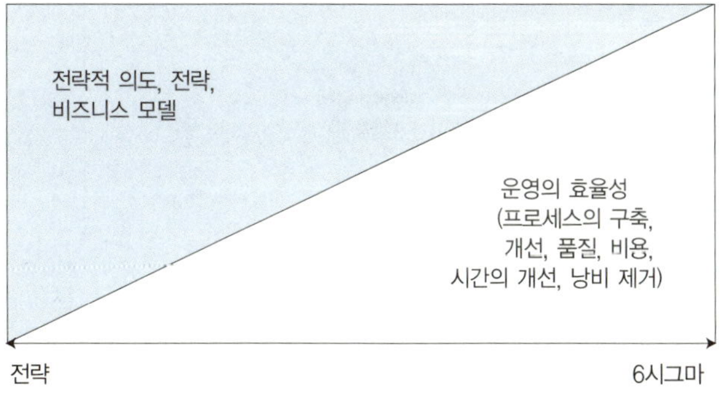

그림 9-3. 전략과 6시그마의 보완적 관계

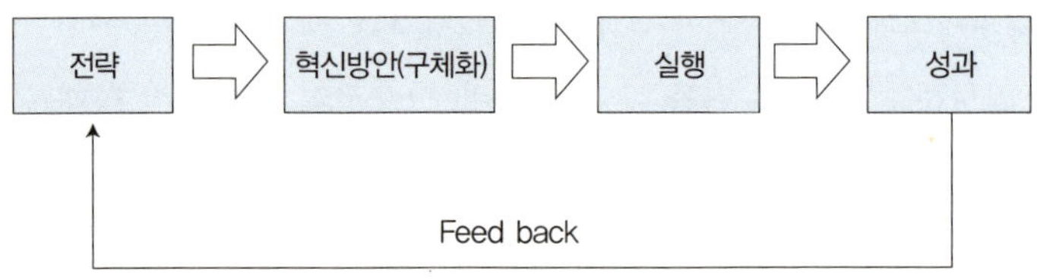

그림 9-4. 전략의 실행 사이클

략적 의도를 가지고 있어야 하며 이러한 전략적 의도는 전략으로 발전하고 기업은 전략을 구체화한 비즈니스 모델을 구축하게 된다. 이러한 비즈니스 모델이 성과로 연결되기 위해서는 조직의 실행력이 결정적인데 조직의 실행력은 운영효율성으로 구체화된다. 최종적으로 기업이 성공을 하기 위해서는 생존방정식(고객가치>가격>비용)을 만족해야만 한다. 즉 비용보다 높은 가격을 매길 수 있어야 하며 가격보다 고객이 느끼는 가치가 커야만 수익성을 동반한 지속적인 성장이 가능하게 된다.

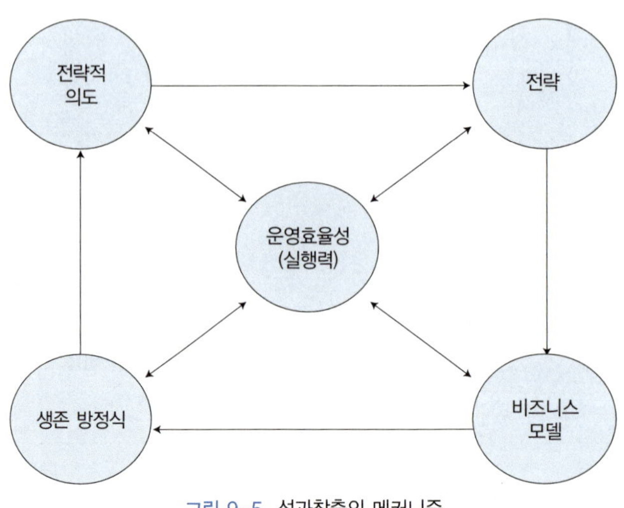

그림 9-5. 성과창출의 메커니즘

혁신과 전략의 부조화로 인한 실패사례

(자료: 베인앤컴퍼니, 매경Economy, 2008. 6. 4)

코닥은 수십 년간 선도적인 카메라업체로 명성을 날렸고 오랫동안 고객을 한 번도 실망시킨 적이 없었다. 향후 디지털카메라가 주요 제품으로 부상할 것이라는 예측 하에 코닥은 제일 먼저 디지털카메라 시장에 진입하였으나 신규 시장에서 시장지위를 확보하지 못하고 파산하고 말았다.

코닥이 디지털카메라 연구개발에 경쟁사보다 많은 돈을 투자했고 관련 특허도 다수 보유하고 있었다. 하지만 내부적으로 디지털카메라 제품을 어떻게 출시하고, 해당 사업을 어떻게 키워갈지를 진지하게 고민하지 않았다는 데 문제가 있었다. 좀 더 자세히 말해 디지털카메라 출시와 동시에 매출 하락이 불가피해질 기존 카메라 사업부와의 권력다툼을 해결하지 못했다. 그 결과 제품 출시가 지연되었고 사업을 육성하는 데 필요한 조직적인 지원확보도 실패했다. 결국 코닥은 선발주자로서 누릴 수 있었던 First mover advantage를 누리지 못하게 되면서 시장에 발을 들여놓지 못했다. 9개월이라는 짧은 기간에 코닥의 주가는 95% 이상 곤두박질쳤다. 연구개발부문과 현업부서가 전략기획 단계에서부터 긴밀하게 연계되어 움직였다면 상황은 크게 반전되었을 것이다.

5. 금융서비스업과 6시그마

금융서비스업은 제소업과는 달리 측정할 수 없는 정성적인 부분이 매우 많고 외부의 변수에 의해 많은 영향을 받으며 프로세스가 매우 모호한 경우가 많다. 이러한 점이 금융서비스업에서의 6시그마를 가로막고 있다.

또한 금융서비스업 자체가 계량경영과 품질관리에 아주 서툴다는 점도 6시그마의 적용을 어렵게 만들고 있다. 그리고 서비스업은 경쟁이 치열하고 프로세스변경에 따른 비용이 상대적으로 낮기 때문에 그때그때의 영업전략에 따라 영업이나 지원프로세스 자체가 쉽게 변할 수 있는 점도 6시그마 적용을 어렵게 할 수 있다.

그러나 한국 금융서비스산업의 생산성이 미국의 절반 수준이라는 점을 감안할 때 각종 혁신의 방법론과 제조업의 노하우를 금융서비스산업에 접목하는 것은 필수불가결하다고 하겠다. 특히 금융서비스업의 경우 고객과의 접점에서 이루어지는 감성관리가 매우 중요하므로 품질이나 생산성뿐 아니라 고객만족도 관리가 매우 중요한 이슈이다. 따라서 고객만족과 생산성을 다 잡기 위해서는 서비스 시스템분석을 통해 세부기능을 고객접촉 정도에 따라 분리하여 접근할 필요가 있다. 예를 들면 호텔의 프론트 업무의 경우 고객접촉업무로서 고객감동에 초점을 맞추어야 하고, 객실청소 업무의 경우 비디오촬영 등을 통한 동선을 분석해 표준매뉴얼을 작성함으로써 작업속도와 품질을 조기에 안정화하는 데 초점을 맞추어야 한다.

서비스업에서의 6시그마는 요구사항이 많은 까다로운 고객과 동기부여가 어려운 직원에게 맞도록 아주 유연하게 적용되어야 한다. 즉 6시그마의 정신을 살리되 각 업종의 특색이나 회사에 맞게 DMAIC 단계를 수정할 수도 있고 프로젝트의 성격에 맞게 통계의 적용을 완화할 수도 있어야 한다. 물론 모든 것을 무시하고 과거에 했던 대로 표면적인 문제에 대해 즉각적인 답을 내리자는 이야기는 아니다. 또 유연하게 추진하자는 것이 그저 대충하자는 의미도 아니다. 그와 반대로 6시그마활동은 전사적 역량을 모아

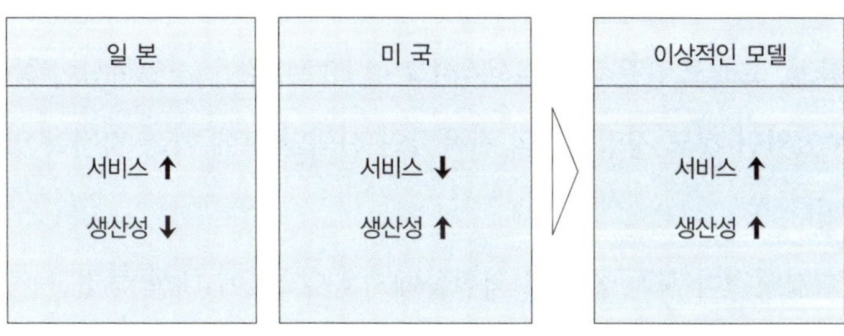

그림 9-6. 서비스산업에서 두 마리 토끼잡기

혁신의 성공을 위한 임계치를 넘을 수 있도록 아주 치열하게 전개되어야 한다. 즉 배울 때는 엄격하게 적용하여 배우되 방법론에 너무 얽매이지 말고 근본적인 6시그마 마인드를 갖고 유연하게 접근하는 것이 중요하다.

결론적으로 금융서비스업에서 6시그마 활동이 성공하기 위해서는 서비스업의 특성을 살려 린 6시그마를 적용하거나, 기법이나 세부적인 단계에 얽매이지 않고 6시그마 마인드로 문제를 해결하는 문제해결 기법으로서 6시그마를 정립하거나 TPS, TRIZ와 같은 다양한 경영혁신방법론과 결합한 통합적인 혁신활동을 추구하는 것이 바람직하다.

6. 6시그마의 추진체계

모든 경영혁신에 있어서 성공의 가장 중요한 요소가 최고경영진의 Commitment이다. 기업가나 경영자가 행하는 경영행위 가운데 특히 해당 조직을 구속해 미래에 특정한 행동방식에 따라 움직이게 만드는 것을 경영자의 Commitment라고 할 수 있다. 기업에서 아무리 좋은 전략과 아이디어가 있다고 하더라도 톱(Top)이 관심을 가지고 지원하지 않으면 물을 주지 않는 꽃과 같이 얼마 지나지 않으면 시들고 고사하기 마련인 것이다. LG, 삼성, 포스코 같은 기업에서 6시그마나 TRIZ같은 경영혁신이 꽃을 피울 수 있었던 것도 경영진들의 전폭적인 신뢰와 그에 따른 지원이 있었기 때문이다.

최고경영진이 모든 계층의 직원들에게 6시그마에 대한 투철한 자세를 가지도록 하는 일은 아무리 강조해도 지나치지 않는다. 조직 내에서 6시그마 전략을 구현하는 일의 궁극적인 목표는 막대한 양의 집중된 조직 에너지를 분출하는 것이다. 즉 전략을 추진하고 효율성과 생산성을 고양시키며, 업무처리 성과와 수익성을 획기적으로 향상시키기 위해 동원할 수 있는 에너지를 말한다. 이를 지속시키기 위해 초기저항, 무기력, 무관심의 벽을 극복해야 한다.

회사의 경영진은 제도의 구축과 교육을 통해 6시그마 도구와 접근방법에 대한 이해를 창출하고, 6시그마 프로젝트에 직원을 참여시킴으로써 직원들이 6시그마를 긍정적으로 인식하고 경험하게 만들 수 있다. 일단 직원들이 6시그마를 긍정적으로 수용하게 되면 그들은 6시그마의 원칙과 접근방법이 사람들의 직무수행에 필요한 구조를 제공할 뿐만 아니라 개개인이 일상업무를 처리할 때 명확성과 집중도를 향상시킨다는 점을 느끼기 시작한다. 결국 직원들의 사기가 고양되고 팀 단결이 견고해지며 개인과 그룹의 업무성과가 더욱 우수해진다.

그러나 6시그마 같은 혁신방법이 너무 톱(Top)의 의지에 의해 일방적으로 끌려간다면 이러한 혁신활동은 자칫 보이기 위한 혁신활동이나 일시적인 유행으로 끝나기 쉽다. 6시그마는 벨트 양성을 통한 기업의 혁신역량을 키워나가는 측면에서 매우 훌륭한 방법이므로 중간관리자의 리더십과 사원들의 자발적인 참여와 몰입이 매우 중요하다. 따라서 6시그마가 성공하기 위해서는 MBB나 BB의 양성은 말할 것이 없지만 현장에서 업무를 수행하고 있는 사원들이 GB자격을 취득하고, 6시그마적인 사고와 문제해결기법을 업무를 수행할 때 활용한다면 혁신과 업무가 별개의 일로 인식되지 않고 업무를 잘 수행하고 개선하기 위한 방식으로 6시그마가 자리 잡을 수 있을 것이다.

기업의 혁신역량을 키우기 위해서는 전 직원의 GB화를 통해 기업의 혁신역량을 체질화하는 것이 매우 중요하다. 그러나 6시그마의 방법론을 원형 그대로 받아들여 고수하려 한다면 비즈니스의 성격과 현장과의 괴리로 체질화를 실패하기 쉽다. 제조업체에서 추진하는 6시그마의 운영형태와 금융서비스업에서 적용하는 6시그마의 운영형태는 그 근간은 같다 하더라도 분명히 달라야 성공할 수 있다. 도요타에서 TPS가 있는 것처럼 LG에는 LG 방식의 6시그마가 존재하고 삼성에는 삼성 방식의 6시그마가 존재하며 포스코에는 포스코 방식의 6시그마가 존재할 때 6시그마는 그 기업의 혁신도구로서 현장의 거부감을 극복하고 체질화될 수 있는 것이다.

또한 6시그마가 그 위력을 발휘하려면 사업계획과 연계된 과제의 도출이 매우 중요하다. 6시그마의 과제가 사업계획과 잘 연계되지 않고 별도로 진행될 때 6시그마의 과제는 전략적 중요성이 떨어지게 되고 혁신활동은 전시성 업무로 변질되기 쉽다. 중장기 사업계획과 연간 사업계획의 연계가 중요한 것처럼 사업계획과 6시그마 과제 간의 연관성을 높이기 위해 경영진과 혁신 사무국이 노력해야 한다. 업무계획(MBO)이나 경영평가에도 이러한 과제의 추진노력과 성과가 반영되어야 6시그마가 성공적인 혁신활동으로 체질화될 수 있는 것이다.

6시그마를 비롯한 경영혁신을 성공적으로 추진하기 위해서는 변화관리의 특성을 잘 이해하고 각 단계에 맞는 효과적인 전략을 잘 구사해야 한다. 하버드대학의 존 코터(John Kotter) 교수는 그의 저서 〈변화의 리더(Leading Change)〉에서 조직 내 변화를 추진하는 프로세스에 대해 다음과 같이 설명하고 있다.

1. 변화 이니셔티브와 관련해 위기감 조성하기
2. 변화 이니셔티브를 지원하는 지도부 구성하기
3. 변화를 이끄는 분명한 비전과 전략 개발하기
4. 변화 비전 전파하기
5. 직원들이 폭넓은 활동을 전개할 수 있도록 힘 실어주기
6. 단기간에 가시적인 성과 획득하기
7. 이득을 통합해 더 많은 변화 창출하기
8. 비즈니스와 업무에 대한 새로운 접근방법을 기업문화 차원으로 승화시키기

6시그마 추진에 있어서 가장 중요한 점은 회사의 경영진이 챔피언으로서 6시그마에 대한 명확한 철학을 정립하고 모든 조직계층의 리더들이 사명감을 갖고 적극적으로 참여하도록 동기부여를 해야 한다는 것이다. 그리고 블랙벨트들이 단지 경영혁신 도구에 대한 전문가가 되는 것이 아니라 변화 주도자로서 역할과 사명감을 인식하고 현장에서 변혁적 리더십을

적극적으로 발휘해야 한다. 이러한 환경 하에서만 6시그마가 회사의 운영 시스템을 파고들어 말단 직원의 직무수행 방법에까지 영향을 미치기 시작하고 비로소 진정한 변화가 가능해지게 된다.

7. 4세대 6시그마를 향하여

6시그마는 1세대, 2세대를 거쳐 3세대로 접어들고 있다. 1세대가 품질 개선에 초점을 맞추는 반면 2세대는 비용절감, 사이클 타임 감소, 새로운 프로세스의 설계 그리고 린경영과 결합한 린 6시그마로 발전했다. 그러나 최근에는 이러한 활동들만으로는 초우량기업이 되기 어렵다는 주장이 지배적이다. 따라서 최근에는 6시그마의 창안자인 마이클 해리가 ICRA의 개념을 중심으로 제3세대 6시그마를 주창하고 있는 것이다.

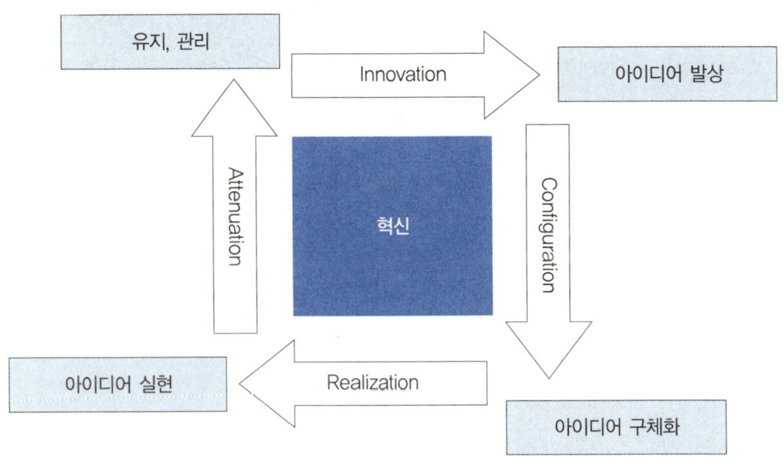

그림 9-7. ICRA의 혁신구조
자료 : 최인철 〈혁신 바보〉

ICRA전략에 대한 설명

품질(Quality)이란 ISO에서는 표준에 입각한 행위로 정의하고 있다. 품질이 표준을 준수하는 것인데 무결함제품이 잘못되었다면 표준은 준수했지만 고객에 대한 가치는 없다는 것이다. 즉 품질이란 개념은 가치를 포함하는 개념이어야 한다. 이러한 관점에서 마이클 해리는 가치창출전략으로 ICRA를 제시하고 있다.

Innovation: 새로운 무엇인가를 도입한다.

Configuration: 무엇인가의 부분을 설계한다.

Realization: 무엇인가를 실현시킨다.

Attenuation: Risk를 최소화시킨다.

새로운 것을 도입하고자 하는 마음, 새로운 질문을 하는 순간, 새로운 아이디어를 생각할 때마다 혁신을 하는 것이다. 고객의 숨겨진 니즈를 발굴하는 것이 혁신이다. 제품을 설계하는 것은 쉽지만 중요한 것은 고객의 니즈를 제대로 확보하는 것이다. 혁신은 고객의 니즈를 철저하게 확보하는 것이다. Configuration은 Design이다. Realization은 실현이고 Attenuation은 risk를 최소화한다. 즉 ICRA전략은 고객의 니즈를 발견하고 아이디어를 도출하고 아이디어를 실현하기 위한 프로세스를 구축하고 이 프로세스상의 risk를 최소화하는 보다 창조적 혁신 중심적인 접근방법론이다. 그러나 이러한 ICRA전략은 아직 개념적인 상태이고 제대로 된 베스트 프랙티스가 없는 상태이다.

마이클 해리가 제 3세대 6시그마를 주창하며 품질과 경비절감 중심의 개선활동에서 비즈니스의 원동력이 가치라고 선언한 것은 분명히 발전된 것이지만 6시그마가 진정한 혁신의 방법론으로 발전하기 위해서는 아직도 부족한 점이 많다고 생각된다. 6시그마가 더욱 진화해 4세대로 발전하기 위해서는 첫째는 통합적이고 개방적 구조가 되어야 하고 둘째는 6시그마가 일상적인 혁신, 생활화된 혁신이 될 수 있는 혁신체계가 되어야 할 것이다.

6시그마는 전략과 보완적인 혁신방법론으로 자리매김되어야 하며 또한 한계돌파적인 아이디어를 창출하기 위한 효과적인 방법론이 접목될 때 보다 큰 성과를 창출할 수 있는 전략적인 무기가 될 수 있다. 최근에는 이러한 관점에서 TRIZ방법론을 6시그마에 접목하여 문제해결을 위한 창의적인 아이디어를 창출하는 데 노력하고 있다. 즉 6시그마가 매우 효과적인 문제해결방법론이지만 진정한 혁신도구가 되기 위해서는 효과적인 사업전략과 결합되어야 하며 다른 혁신기법의 장점을 접목한 보다 통합적인 혁신방법론으로 진화해야만 한다.

또한 6시그마가 지속적인 성과를 창출하고 혁신에 따른 피로감을 극복하기 위해서는 6시그마가 기업의 인프라 및 기업문화로 자리 잡아야 할 것이다. 경영혁신이 성공하기 위해서는 최고경영자, 중간관리자, 일반사원이 동일한 용어로 커뮤니케이션하고, 손쉽게 이용할 수 있는 혁신관련 로드맵이나 표준화된 도구들이 필요하다. 그러한 관점에서 6시그마는 혁신의 인프라를 강화하고 혁신을 체질화하는 중요한 경영혁신의 수단으로 자리매김해야 할 것이다. 경영혁신은 모든 계층이 주도해야 하며 자발적인 참여가 확대되어 모든 곳에서 상시에 모든 사람이 참여하는 혁신으로 발전되어야만 진정한 가치를 창출하는 혁신으로 성공할 수 있을 것이다.

새로운 미래의 중심에 우뇌가 있다

1951년 이사야 벌린(Isaiah Berlin)은 전쟁과 평화에 관한 에세이를 쓰면서 '레오 톨스토이의 역사적인 회의론'이란 딱딱하고 재미없는 제목을 붙였다.

벌린의 책을 출간하기로 한 출판사는 그의 에세이집 제목을 좀 더 많은 사람들의 관심을 유도할 수 있도록 〈고슴도치와 여우〉라고 바꿨다. 여우는 많은 것을 알고 있지만 고슴도치는 한가지 큰 것을 알고 있다는 고대 그리스 속담에서 착안한 제목이었다. 제목을 바꿔 출간한 후 이사야 벌린은 곧바로 유명 인사의 반열에 올랐다. 그리고 좌뇌를 여우에, 우뇌를 고슴도치에 비유한 개념은 좌우 뇌의 차이점을 조명하는 데 유용하게 사용되었다. 성공적인 경영혁신을 추진하기 위해서도 좌뇌의 분석력과 우뇌의 창의력이 결합되어야만 한다.

자료 : 다니엘 핑크〈새로운 미래가 온다〉

에필로그

집중과 몰입

일에 대한 집중도를 잘 보여주는 것으로 청나라의 옹정제의 일화가 유명하다. 옹정제는 강희제(61년), 옹정제(13년), 건륭제(60년)로 이어지는 청나라 최전성기(재위기간 134년)를 이끌었던 인물 중의 한 사람이다.

어느 날 강희제가 네 왕자들과 사냥을 하고 돌아와 이들에게 소감을 묻자, 첫째 왕자는 '대자연의 아름다움'을 보았다고 답했고, 둘째 왕자는 '여러 형제들과 군마들'을, 셋째 왕자는 '형제들의 날렵한 사냥 솜씨와 씩씩한 자태'를 보았다고 답했다. 하지만 넷째 왕자는 "저는 오로지 제가 목표로 하는 사냥물만 보았습니다"라고 대답하자 강희제는 크게 웃으면서 일에 전념할 줄 아는 넷째 왕자를 칭찬했다고 한다. 이 넷째 왕자가 바로 강희제의 뒤를 이어 청의 최전성시대를 이끌어 나갔던 옹정제인데, 이와 같이 옹정제는 청년시절부터 항상 목표가 뚜렷했으며, 자신의 일에 집중하는 자세를 가지고 있었다.

자신이 맡고 있는 일에 미쳐서 몰입하고 있는 이들에게는 밝은 미래의 향이 느껴진다. 일을 할 때는 그 일에만 몰두하는 자세, 그것이 바로 프로의 모습이자 자신을 사랑하는 사람의 모습이다. 마찬가지로 현재 많은 기업들이 치열한 시장환경 속에서 경쟁력과 실행력을 높이고자 6시그마 방법론을 도입하여 추진하고 있다. 그러나, 한편으로는 앞의 예처럼 '발표 보고서의 화려함, 형식적인 프로젝트 진행, 전문적 통계기법 사용' 등에 묻혀 진정 달성해야 할 목표를 소홀히 하거나 지나쳐 버리는 경우가 자주 있다.

많은 기업들이 시간과 비용을 투자하면서까지 6시그마를 도입하려는 궁극적인 목적은 바로 기업의 생존에 있으며, 이 생존을 위해서는 기업 중장기 전략에서 제시하는 중요한 사업 목표의 달성에 6시그마가 하나의 수단으로써 기여할 수 있어야 한다는 것이다. 우리 회사의 경우도 지난 2004년에 6시그마를 도입하여 약 5년 동안 수 차례의 웨이브(Wave)를 거쳐 많은 양의 프로젝트 진행을 통해 프로세스 개선 및 경영성과에 기여했으며, 많은 수의 벨트인력 육성을 통해 조직문화의 체질을 바꾸는 등의 성과가 있었지만 끝임없이 개선해야 할 사항은 여전히 많다고 보여진다. 일부에서는 아직도 형식적이거나 이벤트성으로 프로젝트가 진행되어 실행력과 지속성이 담보되지 못하거나 프로젝트 자체 테마가 경영 목표에 크게 기여하지 못해 힘을 잃고 중간에 탈락하는 경우가 나타나기도 했다. 또한 사무국에서는 이러한 현상의 방지를 위해 진정으로 현장의 참여와 몰입을 극대화하기 위한 노력이 부족했던 것도 사실이다.

그러나 무엇보다 중요한 것은 우리들 스스로 부족함을 인식하고 개선해 나가야 하겠다는 열정이 있는 한 밝은 미래는 늘 우리 곁에 있으리라 생각한다. 따라서, 6시그마를 통해 보다 내실 있고 지속적인 성과를 추구하고자 하는 기업이라면 다음과 같은 관점을 견지한 상태에서 혁신활동을 추구해야 할 것이다.

첫째, 6시그마 프로젝트의 목표가 사업계획의 목표와 일치해야 한다. 즉, 프로젝트 CTQ가 사업계획의 핵심지표(KPI)와 일치해야 하며 진행 상태를 정성적인 기술이 아닌 수리적 근거에 기반하여 Common language화함으로써 객관적으로 판단할 수 있어야 한다. 예를 들어 '건강하다' 라는 표현을 '보기 좋다', '살이 쪘다', '근육질이다' 등과 같은 정성적 표현이 아닌 '콜레스테롤 수치', 'GPT', '신진대사' 등과 같은 수리적 지표를 가지고 사업계획에 기여했는지 판단해야 한다.

둘째, 시장 환경 변화에 살아남기 위해 고객관점에서 가치를 창출해야 한다. 구맹주산(狗猛酒酸)라는 이야기가 있다. 송나라 어느 유명한 주막이 장사가 잘 되어 도둑이 들까 염려해 사나운 개를 키웠더니 오히려 그 개가 손님을 내쫓았다고 한다. 이 이야기가 의미하는 것은 시장의 변화와 기업 경쟁력에 대한 정답은 고객이 알고 있으며 그만큼 고객과의 접점이 무척 중요하다는 것을 말하고 있다. 따라서 모든 6시그마 프로젝트를 진행하는 데 있어 항상 시시각각 변하는 고객의 정확한 요구사항을 파악하고, 이에 적합한 결과물(Output)을 제공할 수 있도록 해야 한다.

셋째, 마인드 변화관리를 통해 조직 역량을 강화해야 한다. 'Don't teach an old dog new tricks' 란 말이 있다. 늙은 개조차도 변화를 싫어한다 하니, 사실 사람은 더 말할 나위도 없을 것이다. 몇 년간 6시그마를 진행하면서 점차 어려워지는 것이 경쟁적 혁신 활동에 대한 현장의 피로감과 저항감이다. 이 때문에 무엇보다도 조직원 전체의 마인드에 대한 변화관리가 무엇보다도 우선되어야 할 것이다. 이를 위해서는 말뿐인 구호나 캠페인보다는 시사성 있는 환경변화나 장애에 대한 도전과 극복을 생생한 영상매체 상영 등과 같은 방법으로 조직원들에 대한 감성적 접근으로 혁신에 대한 마인드를 지속적으로 높여 나갈 수 있도록 해야 한다.

최근 상당수 기업들이 앞다퉈 6시그마를 도입함으로써 이제는 6시그마를 하지 않는 기업을 찾아보기 어려울 정도이다. 과거 몇 년 전만 해도 6시그마 도입 그 자체만으로도 수준 높은 혁신활동을 하는 회사라 했다. 하지만 지금은 6시그마 기법이 널리 보편화되어 '6시그마 도입' 그 자체는 별 의미가 없는 것 같다. 이제는 6시그마를 통해 기업경영에 얼마나 기여했느냐가 그 기업의 혁신활동의 수준을 평가할 수 있는 기준이다. 따라서, 기업 내 모든 6시그마 활동의 목표는 그 기업의 핵심 사업영역에 맞춰 여기에 가용한 실행력을 집중해 나가는 것이 치열한 시장환경에서 승리하는 것임을 잊지 말아야 할 것이다.

그러기 위해서는 사무국에서도 6시그마 혁신활동이 현장에 도움이 되고 가치 있는 일이라는 인식을 심어주기 위해 끊임없이 노력해야 한다. 또한 현장에서도 변화에는 고통이 수반된다는 인식 하에 서로 힘을 합해 나간다면 옹정제가 목표와 일에의 집중을 통해 청의 최 전성시대를 이끌어 갔던 것처럼 멀지 않은 장래에 회사비전을 달성하게 되리라 믿어 의심치 않는다. 자신의 일에 집중하고 몰입하는 것, 그것이야 말로 개인과 회사의 비전 성취를 위한 아름다운 덕목이다.

부록

생활 속의 6시그마: 나질러 씨 가정의 행복 찾기

제조업의 불량률 개선에서 시작된 6시그마 방법론은 이제 금융, 서비스, 사무간접 등 다양한 업종으로까지 그 적용 범위와 영역이 확대되어 기업 내부의 프로세스 개선 및 문제해결에 대표적인 혁신실행 도구로 활용되고 있다.

그러나, 막상 현장에 6시그마 방법론을 교육시키고, 업무에 적용하려 하면 현장에서는 제조업 중심의 도구라는 선입견과 각종 통계기법과 도구들이 너무 어려워 이를 기피하려는 경향이 많았다.

이에 우리 회사 전 임직원들을 대상으로 6시그마 방법론의 다양한 적용 범위와 6시그마의 전반적인 흐름을 보다 쉽게 익혀 나갈 수 있도록 '나질러 씨 가정의 행복 찾기 프로젝트' 라는 사이버 과정을 자체 개발하였다.

특히, 소재가 우리가 일상생활 속에서 흔히 겪을 수 있는 충동구매에 관한 내용이다 보니 직원들이 흥미를 가지고 접해 볼 수 있었고, 실제 과정

맨 마지막의 설문을 살펴보면 "이런 일에도 6시그마가 적용될지 몰랐다" "어렵게 느껴졌던 6시그마가 이렇게 간단한 방법론인 줄 몰랐다" 등의 매우 긍정적인 반응을 보였다.

이렇듯 6시그마를 기업 내 일상적 활동으로 자연스럽게 정착시키기 위해서는 고된 훈련과 주입식 교육 이전에 기업 내부 업무에 쉽게 적용된 다양한 사례를 발굴하여 현장에서 어렵고 힘들다는 선입견을 버리고 6시그마를 통해 일상 업무의 문제해결이 가능하다는 변화 의식을 심어주는 것이 매우 중요한 문제이다.

여기 '나질러 씨의 가정 행복 찾기 프로젝트' 사례를 보면서 생각해 보도록 하자.

'행복 찾기 프로젝트' 개요

나질러의 아내 고만혜는 나질러의 시도 때도 없는 충동 구매로 속을 썩고 있다. 집에는 그동안 나질러가 충동 구매한 물건들로 쌓여가고 있으나, 나질러는 여전히 인터넷 쇼핑일로 밤을 세우고 있다.

옆집에 사는 나질러의 회사 동기 김재택은 잔금만 치르면 강남의 30평대 집을 마련한다고 하니, 지금의 현실이 너무나 분통이 터지고 암담한 고만혜…

그러던 중 고만혜는 TV에서 '성공시대'를 시청하다 우연히 '6시그마'라는 문제해결 방법론을 알게 되었고 한가지 결심을 하게 된다. 이 방법을 통해 나질러의 충동구매병도 고치고 날로 악화되는 가계 적자를 해소함으로써 가정의 행복을 찾을 수 없을까 해서, 전에 알고 지내던 나질러의 회사동료이자 MBB인 시그마씨에게 이를 의뢰하는데…

:: 그림 조해강
e-mail _ iepapnamu@hotmail.com

이곳은 평화로운 나질러씨의 집

...평화로운...

고만혜(29세, 나질러씨의 아내)

나질러(32세, LIG손해보험 근무)
이래뵈도 어엿한 한 가정의 가장
...그러나...

문제가 하나 있었으니...

그것은 바로 "지름신 강림"

질러씨, 과연 지름신을 퇴치할 수 있을까요?

*지름신이란?

'지름신'이란 '물건을 구입하다'라는 뜻으로 젊은이들 사이에 흔히 쓰이는 '지르다'라는 단어에서 유래했다.
'지르다'와 '신'이 합쳐진 이 단어는 네티즌들이 물건을 구매할 때 '지름신이 강림하셨다'라는 방식으로 사용된다.

김재택(30)
나질러씨의 회사동기로 집 근처에 살고 있어요.

재택씨는요~
10년내 내집 마련 목표로 꾸준히 아끼고 저축하는 성실맨이랍니다!

그런데... 질러형님이 안보이시네요?
자느라고 정신없어요
어휴

어라, 형수님 무슨 걱정거리라도 있으세요?
...사실은 질러씨가...
궁시렁궁시렁~

틀림없이 도움되실거예요
꼭 한번 연락해보세요~

시그마과장? MBB?

고만혜씨,
시그마과장에게 연락하기로 결심했군요!
앞으로 나질러씨 집에
어떤 일이 생기게 될까요~

여기는 나질러씨의 근무처

저런... 쇼핑 사이트들!

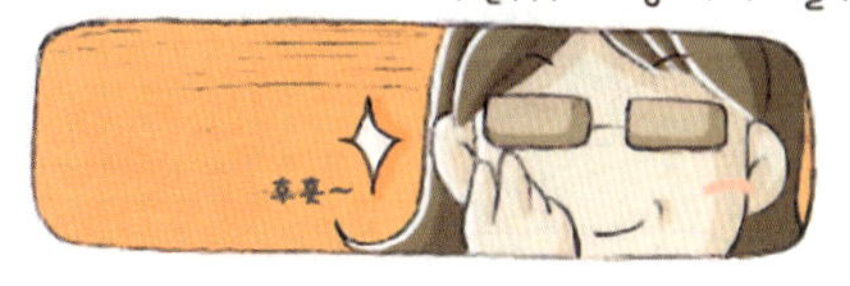

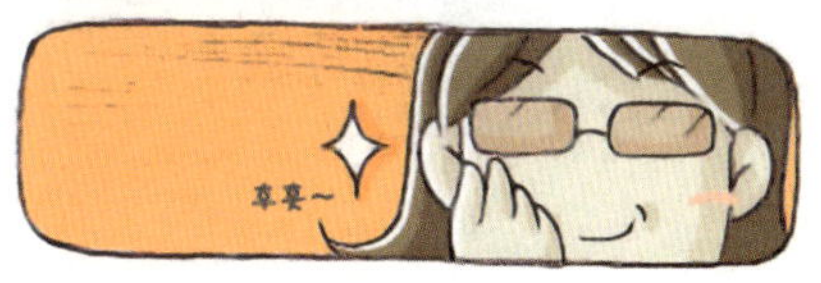

안혜씨에게 듣자하니 요즘 질러씨 충동구매가 아주 심하시다던데요
쓰지도 않는 물건이 집에 쌓여만 가고 안혜씨 속이 바글바글 끓으신다던데요?
그..그게
그래서!
질러씨네 문제를~
6σEVC
6σEVC를 적용해서 해결할 수 있도록 도와드리죠
하하하... 안 그러셔도 되는데...
그러셔야 할 걸요~? 6SIGMA로!
시그마과장과 나질러씨의 만남!
과연 질러씨는 6SIGMA로
지름신을 퇴치할 수 있을까요?
딩동~

나왔어~ 여보~
안녕하세요 시그마과장입니다
정말 반가워요! 잘 오셨어요
네네~
이제 함께 문제를 해결해보죠 본론으로 들어가서 6σEVC는요~ DMAIC의 각 단계를 밟으면서 문제를 해결하는 아주 합리적이고 과학적인 방법이에요
6σEVC
과연 될까 후후후
우선 Define 단계!
과제를 명확히 정의하여 타당성을 검증하고 추진계획을 수립하는 단계죠

질러씨의 경우 지름신 강림으로
가계 재무상태가 좋지 않아요~
월급이 200만원인데
지르는게 250만원이라죠?

고만혜씨는 무엇을 다 알고 있는 걸까요?

*파레토차트란?

데이터를 항목별로 분류해서
크기 순서대로 나열한 그래프.

기억해두시면
편하겠죠? ^ㅁ^

*파레토법칙(80:20법칙)이란?

문제점의 약 80%가
20% 원인에 의해 발생된다는 법칙.

코은희(동료)
어휴~ 나길러과장님
아침만 되면 조시고…
1주일에 2-3번은 지각하시고
회의 때는 물건 산 이야기만
아주 신이 나서 하세요
회의 때는 업무 이야기를
하셔야 할텐데 말이죠!

아버지께는 제가 걸어볼께요!
여보!

고만사(장인)
아이고~ 내가 못 살아!
둘이 제발 돈 때문에
싸우지들 좀 말어라!!
이건 뭐 볼 때마다 돈 없다고
질질 짜기나 하고 말이야
나도 늘그막에 좀
편히 쉬어 보자!

하하 여보~ 너무 상심하지 말아요
침울
내가 좀 심했나

이제부터 매달 저축할 수 있도록
지름신 강림을 10만원 미만으로
개선해 보자구요~

10000

과연 그게 될까?
흠~ -_-;

지금까지 Define단계를 살펴보았습니다.
다음은 Measure단계에요!
Measure단계에서는
또 어떤 일들이 일어나게 될까요?

• Measure 단계 •

조금씩 바빠지기 시작하는 질러씨네 집~

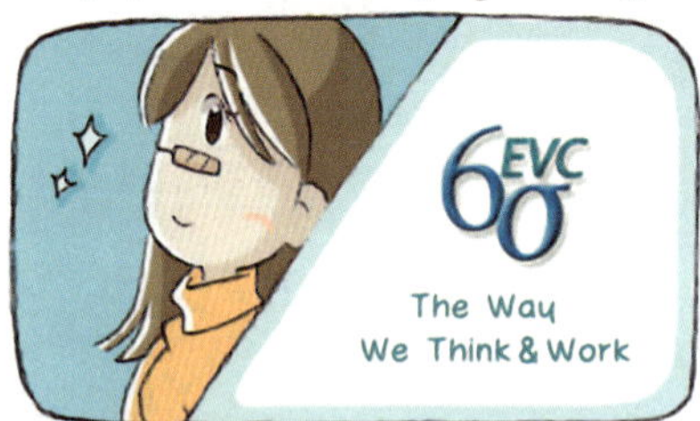

Measure단계에 들어갔기 때문인데요.

Measure 단계란?
과제를 가장 잘 대변할 수 있는 CTQ(Y)를
선정하고 현수준을 측정한 후
목표수준을 설정하는 단계에요

오호라~
그렇다면 이제는
CTQ(Y)도 정해졌는데
현수준을
측정해야겠죠?

아니죠~ 질러씨~
CTQ(Y)가 정해졌으면
현수준을 측정하기 이전에
정확하게 운영 정의를
해야 하는 거에요!

그럼 한번
정의를 내려 볼까요~

CTQ(Y)	운영 정의
충동구매 금액	이성이 마비된 상태에서, 가족 몰래 계획 안 된 순간적인 충동에 의해서 최근 한 달 동안 인터넷으로 구매한 상품의 비용/건수
충동구매 건수	지름신이 강림하거나 주변 친구/동료의 자랑에 의해 발생하며 평균적으로 1개월 사용 후 방치됨 시간이 흐를 수록 구매 Cycle Time이 짧아지고 기하급수적으로 증가하는 경향이 있으며 구매중독을 판단할 수 있는 척도로 쓰임

CTQ가 정해졌어요!

CTQ(Y)

나질러씨의
CTQ(Y)는
'충동구매 금액'과
'충동구매 건수'로
정해졌답니다~

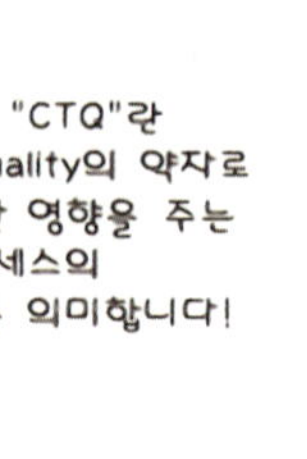

여기서 잠깐! "CTQ"란
Critical To Quality의 약자로
고객에게 중대한 영향을 주는
상품이나 프로세스의
핵심 특성치를 의미합니다!

나질러씨~
충동구매 금액과
충동구매 건수가
얼마나 되는지
아시나요?

그게요~ 음...
아마~ 100만원에
다섯 번쯤? 그냥
지르기 바빠서
기억이 잘
안 나네요~
뻘쭘

아마?!
100억
나질러씨

아이고 질러씨~
그러니까
상태가 이지경이죠!
반성 좀 하셔야겠어요
현수준은 직접 측정을 통해
파악해야 합니다 측정하지 않으면
개선을 할 수가 없어요
이것이 6σ의 기본 사상이죠

그리고
측정을 하실 때에는
Benchmarking
대상이 되는 경쟁자와
비교를 할 수
있어야 해요~

재택씨~ 나질러씨의 문제를
해결할 수 있도록 재택씨가 좀
도와주시겠어요?

물론이죠~ 얼마든지!

김재택씨가 도움을 주기로 했군요~
질러씨 함께 열심히 해 보세요!

그렇게 지난 6개월간 나질러/김재택
두 사람의 구매 데이터를 알아본 결과~

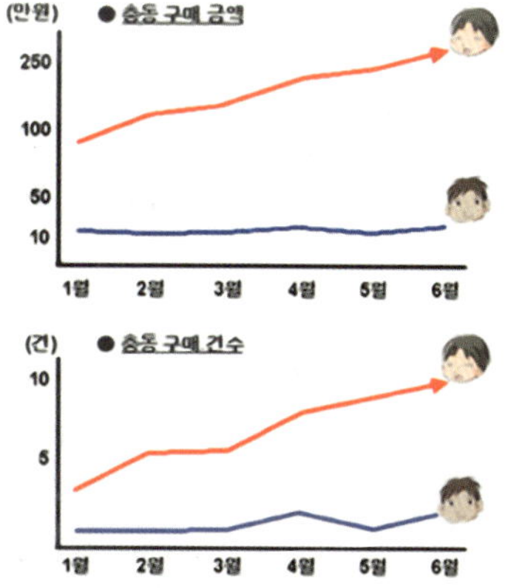
(만원)
충동 구매 금액
250
100
50
10
1월
2월
3월
4월
5월
6월
(건)
충동 구매 건수
10
5
1월
2월
3월
4월
5월
6월

질러씨...
많이도 사셨네요;
하하~
좋아보여서;

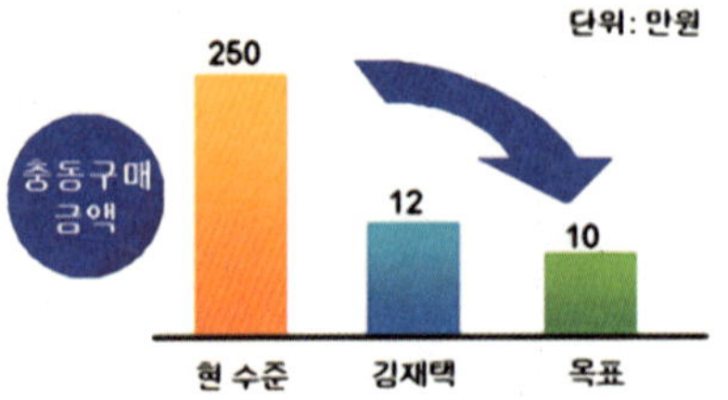

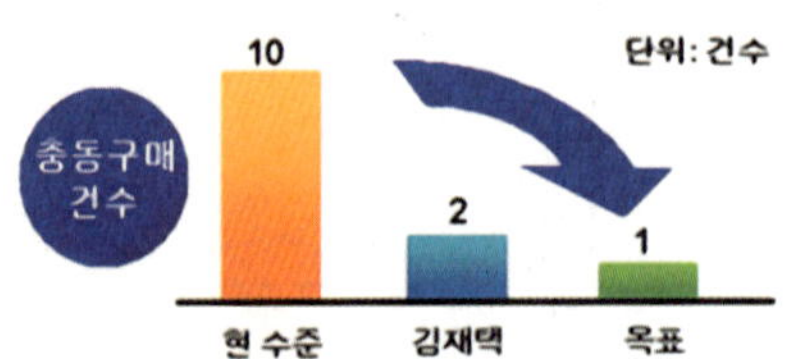

여기까지 Measure단계가 끝났습니다.
이제는 무엇 때문에 지름신이 강림하는지
Analyze단계를 통해 알아보도록 할게요~

쉿! 지금은 한밤중~ 고만혜씨가 잠들어 있네요.

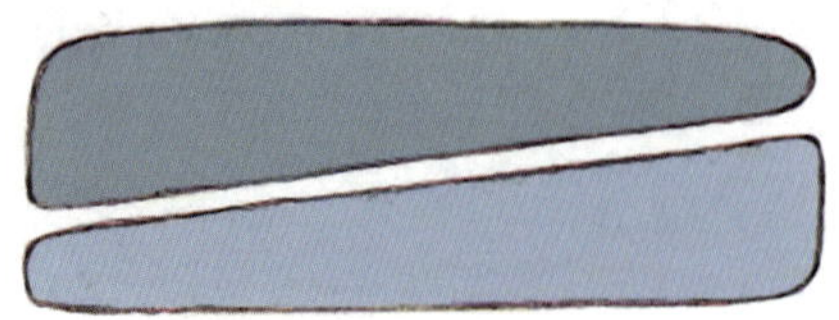

나질러씨의 행방은 과연...?

우에엥~ 여보 잘못했어 ToT
똑바로 안들어요?!
아니~ 당신은 이제 함께 아껴쓰자고 했는데 또 인터넷쇼핑을 해요! 나원 참~ -ㅁ-
그게 말이지 여보~ 그러려고 그런 게 아니라 그게;
그럼 그렇지~ 나는 쉬운 신이 아니라구~
이젠 아무래도 Analyze단계로 넘어가야 할 것 같네요 질러씨!

• Analyze 단계 •

Analyze 단계는요~ CTQ(Y)에 대한 잠정원인을 도출하고 도출된 잠정원인 중 핵심적인 근본원인 (Vital Few X's)을 선정하는 단계랍니다
당신 이제 딱걸렸어요!

나질러씨가 왜 자꾸 충동구매를 하는지
근본원인을 함께 찾아봅시다~

흠~ 그런데 어떻게 알아내서 정리를 해야 하지?

그럴땐 말이죠, 질러씨~
특성요인도(Fishbone Diagram)를
사용해 보세요!

***특성요인도(Fishbone Diagram)란?**

하나의 효과(Effect or Output)를 야기하는 잠정원인(Cause)들을 찾아내는 기법으로 펼쳐놓은 모양이 마치 생선 가시 모양을 닮아 Fishbone Diagram이라고도 한다.

Input Variables (X's)	Association Table		Rank	% Rank
Output Ranking	0.5	0.5		
충동 구매 습관	9	9	9	13.64%
재무상태 오류	9	9	9	13.64%
외상 결제 방식	3	9	6	9.09%
특정요일/시간구매	3	9	6	9.09%
연속구매 상품	3	9	6	9.09%
활용도 미고려	3	9	6	9.09%
장기비전,목표부재	9	3	6	9.09%
잔소리꾼 부재	3	3	3	4.55%
스트레스 해소	3	3	3	4.55%
단골 쇼핑몰 이용	1	3	2	3.03%
신상품/최신 디자인	3	1	2	3.03%
한정 판매 등 마케팅 전략	1	3	2	3.03%
유인성 메일/SMS	1	3	2	3.03%
[illegible]	1	1	1	1.52%
주변의 상품자랑	1	1	1	1.52%
집에서 PC로	1	1	1	1.52%
[illegible]	1	1	1	1.52%

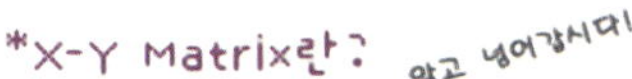

잠정원인과 CTQ(Y)와의 관계를 파악하여 우선순위를 설정하는데 사용하는 기법.

이제 찾아낸 7개의 잠정원인에 대해
함께 분석을 하게 될 텐데요~
진짜 원인인지 어떤지~
과연 어떻게 검증이 될까요?

No	잠정원인	검증 방법	수집기간
X1	충동 구매 습관	프로세스맵	-
X2	재무상태 오류	체크시트 산점도	-
X3	외상 결제 방식	파레토 차트 막대 그래프	최근 3개월
X4	특정요일/시간 구매	시계열도	최근 3개월
X5	연속 구매 상품	Historical Data 분석	최근 3개월
X6	활용도 미 고려	Historical Data 분석 프로세스맵	최근 3개월
X7	장기비전, 목표 부재	벤치마킹	-

*프로세스맵(Process Map)이란?

프로세스 상에서 고객불만, 저조한 Performance를 유발하는 근본원인이 어디에 있는지 찾아내기 위한 Tool.

질러씨의 몰래구매습관을 프로세스맵으로 그려보면~

이런 모양의 프로세스맵이 되는군요~

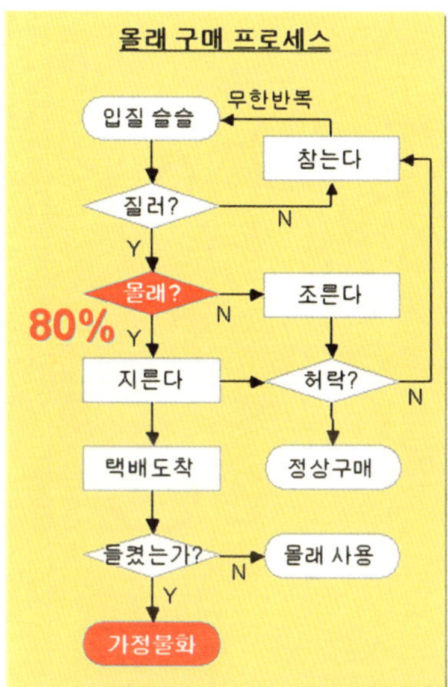

보세요!
80%의 구매가
고민혜씨와
논의없이
이루어졌네요
그리고 들켜서
우리가 싸운게
몇번이에요~

"질러's 다짐"- 언제나 당신과 합의해서 물건을 사야겠군.

몇 가지 질문을 드려볼까요? 질러씨~

재무 관심도 Check Sheet

진단 항목	답변	정답
이번 달 예금 가능 금액은?	~~50만원~~	-50만원
다음달 예상 카드 결제 액은?	~~170만원~~	250만원
현재 지갑에 있는 카드 수는?	~~2개~~	5개
현재 재무상태로 주택구입 가능시기는?	~~3년~~	10년 내도 불가능
현재 거주하는 주택의 전세계약금은?	6천만원	6천만원
재무 관심도	25점	

산점도

충동 구매 금액 /건수

재무관심도

재무에 관심이 높을수록
아끼고 절약하기때문에
덜 지르게 되는거에요

"질러's 다짐"- 이제 재무에 관심 좀 가져야겠는걸?
무언가 대책이 필요하겠어~

*Check Sheet란? 알아보고 갈까요?

조사를 위해 질문항목을 사전에 준비하여 기록하는 방법.

*산점도란?

X와 Y의 상관관계를 파악하기 위해 사용하는 기법.

질러씨 평소에 외상구매를 자주 하시나요?
아니요~카드랑 핸드폰으로 하고 있어요
여보! 그게 바로 외상거래에요

무이자 3개월
무이자 6개월

"질러's 다짐"- 아이고~ 내 카드랑 핸드폰! 사용 억제 방안이 필요하겠구만~

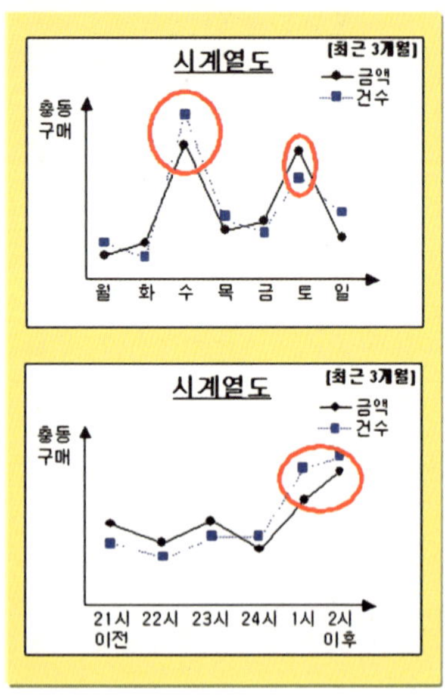

*시계열도란? 살펴봅시다!

한 변수에 대한 시계열적인 특성(패턴, 계절성)을 그래프로 표현하여 분석하는 기법.

질러씨 주로 수요일토요일 저녁에 지름신이 강림하네요
수요일엔 질러주어야 주말에 받고 토요일은 늦게 자도 되니까요~

"질러's 다짐"- 수요일/토요일 1시 이후에 지름신을 쫓아낼 수 있도록 대책을 마련해야겠군~

하나씩 하나씩~
질러씨 지름신에 대한 문제가 검증되고 있군요!
계속해서 검증해 봅시다!

*연속구매상품이란? 먼저 알아보고 갈까요?

상품을 구매한 뒤 그 상품과 관련된 액세서리 등을 굴비 엮듯이 연속적으로 구매하게 되는 상품을 뜻함.

X5. 연속구매상품
당신 지를때 관련된 상품 계속 지르는건 아니겠죠?
이런 이런~ 난 패키지형으로 할인구매하는 스타일이야!

"질러's 다짐"- 휴~ 연속구매경향은 없으니 불행중 다행!

질러씨 사놓고 안쓰는게 왜이리 많아요!
하하; 제가 좀 앞뒤 안재고 질러서 -ㅁ-;
이이는 이런 식으로 질러버린다니까요
지름신
흥분 상태
용도는?
지른다

나질러씨의 구매스타일

X6. 활용도미고려

- DMB네비게이션 - 출/퇴근시 지하철 이용으로 거의 쓰지 않음(여행도 가지 않음)
- 런닝머신 - 빨래걸이로 사용하고 있음
- 홈씨어터 - 구입 후 DVD를 보지 않아 거실 장식용으로 사용

"질러's 다짐"- 이제는 사고싶은 물건이 생기면 우선 흥분을 좀 가라앉히고 활용도를 고려해서 구입해야겠구만~

No	잠정원인	검증결과
X1	몰래 구매 습관	근본원인
X2	재무상태 오류	근본원인
X3	외상 결재 방식	근본원인
X4	특정요일/시간 구매	근본원인
X5	연속 구매 상품	×
X6	활용도 미 고려	근본원인
X7	장기비전, 목표 부재	근본원인

그렇다면 이렇게 선정된 근본원인은
어떤 방법으로 개선해야 할까요?
벌써부터 궁금해지는걸요~

• Improve 단계 •

Improve단계로 넘어오면서 질러씨네 집에
재택씨와 시그마과장이 찾아왔어요~

도출된 6개의 근본원인을 해결하기 위해
아이디어 회의를 하기로 했거든요!

좋아요
여러가지
아이디어가
나왔으니
개선안을
선정하도록
합시다

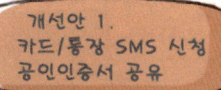

개선안 1.
카드/통장 SMS 신청
공인인증서 공유

'몰래구매습관' 을
해결하기 위한~

•SMS신청(상대방 핸드폰)

나질러 구매 -> 구매내역 SMS발송 -> 고만예 SMS확인

•상대방 공인인증서 공유

부부의 공인인증서 및 암호 공유를 통한 전금융 거래 조회

미합의 구매에 대한 이의 제기

이렇게 만혜씨 핸드폰으로
질러씨의 구매내역이 전송되면
눈치보여서 지르기가 쉽지않을거에요!

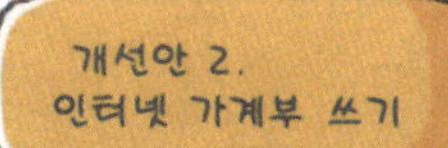

'재무상태모름' 을
해결하기 위한~

가계부? 그런건
너무 복잡한데...
계산도 힘들고~

그래서~
인터넷 가계부를
쓰면 편리하답니다
^__^

알아서 계산해주고
관리도 해주니
쓰는것도 굉장히
편리하네요!

신용카드 절단/핸드폰 소액결제서비스해지로
계획적인 소비습관이 길러질거에요~ 나질러씨!

슈우우~
슈우우~
슈우우~
뜨개질 이건 좀 T_T
봐요 여보~ 가족과 함께하는 주말 여가시간이 얼마나 유익해요~
계속 하다보면 재미있다니까요~
PC도 수요일/토요일 저녁이 되면 자동으로 꺼지도록 설정되었으니 더 효과적일거에요!
개선안 5. 쇼핑몰 메일/문자해지外
'활용도미고려'를 해결하기 위한~
여보~ 이 요상한 물건은 어디서 보고 산 거에요?
이게 뭐야~ 우산? 모자? -_-
뭐 쇼핑몰에서 메일도 오고 문자도 오고 다들 사라고 난리지 비 오는 날에 좋을것 같아서 구입했는데 막상 사고보니 잘 안쓰게 되더라구
나랑 잘 어울리잖어
비올때 좋을것 같아서...
비올때 좋을것 같아서...
비올때 좋을것 같아서...
비올때 좋을것 같아서...
퍽퍽퍽

살려만 주어소TOT
미안해 여보~ 그래서 나도 대안을 생각했다구 T_T
*쇼핑몰 메일/문자 서비스 해지
*충동구매 물품 컴퓨터 옆에 전시하기
*구매 전 물품이 필요한 이유 10가지 적기

앞으로는 조목조목 따져보면서 사세요 질러씨~

개선안 6.
비전설정 후 상호암시
'장기비전/목표부재'를 해결하기 위한~
여보 우리도 최소 5년 뒤의 미래에 대한 목표가 있어야 하지 않겠어요?
그럼~그럼~ 이제 우리도 우리집 마련의 비전을 가져볼까 생각하는데!
오호~그래요? 그럼 우리 이제 서로 비전을 암시하며 노력하기에요! ^ㅁ^/

공동의 목표의식을 공유하는 가족! 멋집니다!

6SIGMA를 적용하여 문제를 개선한지 어느덧 시간은 흘렀고...

안녕하세요~ 시그마과장이에요 지금까지 나질러씨 가족과 함께 6σ의 Improve단계를 진행해왔는데요~ 이제는 그 효과를 검증해볼까 합니다!
여기서 잠깐! 지금까지 진행해온 Improve 단계는 선정된 근본원인을 중심으로 개선안을 도출하고, 가장 적절한 최적안을 선정하여 실행하는 단계랍니다~

그럼 어디 얼마나 지름신이 줄었는지 확인해볼까요?

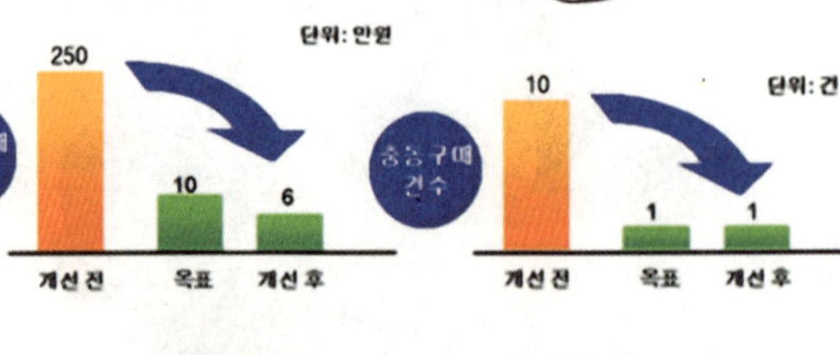

싱글벙글
카드지출도 이번 달에는 한 번 뿐이고 정말 지름신 강림이 확 줄었어요!

드디어 해낸거에요~ 나질러씨!!
그 노력에 박수를 보냅니다. 짝짝짝!!

• Control 단계 •

이제 Control 단계만 남았네요!
Control단계는 최적안의 개선결과가
잘 유지될 수 있도록 표준화하고,
이에 대한 관리계획을
수립/실행하는 단계에요~

딩동~
여보~
저에요

여보~ 그거 아세요?
지름신 퇴치도 중요하지만
지속적인 관리가
더 중요하대요~

충동구매 금액/건수는
제가 지속적으로
관리할거구요~
이상징후가 보이면
바로 바로 조치를
취할거에요!

이제 꾸준하게
관리만 잘 해준다면
지름신 완전퇴치라구요
^ㅁ^/

어라? 편지가 한 통 있네요?

아하~ 질러씨가 남긴 편지군요!

To 나의 사랑 '만예'

만예야~오랜만에 편지를 쓰려니
참 어색하다 그동안 나때문에 속 많이
썩었지? 수요일이나 주말이면 어김없이
강림하는 지름신 앞에 아무 개념없이
인터넷으로 충동구매만 하던 나를 보면서
얼마나 울었을까? 갖고 싶은 물건만 보면
통장 잔고 확인 없이 바로 질렀던 나
그래도 6SIGMA덕분에
신용카드도 과감히 잘라버리고
핸드폰 소액결제서비스도 해지하고
물론 체크카드를 사용하긴 하지만
내가 쓰면 바로 만예 당신이 알게되니
눈치보여서 긁지도 못한다~
게다가 아무런 목표 없이 살던 내가
"비전" 이란 걸 세웠고
또 인터넷 가계부도 쓰게 되었지~
정말 기쁘다~
특히 수북이 쌓여있는 통장잔고를 보며
웃는 당신 얼굴을 보면 내 마음도 편해진다
더군다나 6시그마를 통해
과제를 수행해보니 앞으로 다가올 어떠한
내 인생의 문제도 모두 풀 수 있을 것 같아
정말 자신감이 생겼어!
고마워! 그리고 사랑해!

From 당신의 바보같은 남편 '질러'

우헤헤!
CHU~
당신 멋쟁이!

나질러씨, 고마웨씨!
6SIGMA와 함께한 지름신 퇴치, 어떠셨어요?
앞으로도 지름신 퇴치와 더불어
오래오래 예쁜 사랑, 행복한 가족 되시길 바래요!

에구에구~ 날 퇴치하다니!
6SIGMA의 힘은 과연 대단하군!
으윽~ I'll be back~~!!

참고자료

혁신 및 6시그마 관련 국내/해외 사이트 정보

혁신 및 6시그마 관련 국내 사이트 정보

사이트명	홈페이지 주소
한국품질경영학회	http://www.ksqm.org
한국산업공학회	http://kiie.org
한국기술경영경제학회	http://www.technology.or.kr
한국통계학회	http://www.kss.or.kr
LG 경제연구원	http://www.lgeri.com
삼성 경제연구소	http://www.seri.org
한국컨설팅협회	http://www.ekca.org
한국생산성본부	http://www.kpc.or.kr
한국능률협회	http://www.kma.or.kr
한국표준협회	http://www.ksa.or.kr
DFSS아카데미연구원	http://www.dfss.co.kr
DfSS-Mind Tools	http://www.mindtools.com
Idea Brain(TRIZ)	http://www.ideabrain.co.kr
TRIZ(한국)	http://www.triz.co.kr
손욱 홈페이지	http://www.wooksun.pe.kr
미니탭(이레테크)	http://www.minitab.co.kr
크리스탈 볼(이레테크)	http://www.crystalball.co.kr
AT Kearney Korea	http://www.atkearney.co.kr
삼일PWC	http://www.pwc.com
Nemo컨설팅	http://www.nemopartners.com
6시그마경영연구소	http://www.sixsigma.org
컨설팅그룹길	http://www.cg-gil.com
Sigma Spectrum	http://www.sigmaspectrum.com
변화관리 동영상(e지식채널)	http://www.ebs.co.kr
전자학술지	http://ucat.kisti.re.kr/html/sites.htm
경영컨설팅 기초	http://myhome.shinbiro.com/~chweh

해외 사이트 정보

사이트명	홈페이지 주소
6 Sigma Academy	http://www.6-sigma.com
The third generation 6sigma(ICRA)	http://www.sixsigmaprogram.com
GE 6 Sigma Homepage	http://ge.com/sixsigma
GE Operating System	http://www.ge.com/operating_system/intro.html
Motorola University	http://mu.motorola.com
DfSS-MML @ Stanford	http://mml.stanford.edu
DfSS-Tolerance Analysis	http://adcats.et.byu.edu/WWW/Publication/index.html
TRIZ & 6 Sigma	http://www.mulbury.biz/sixsigma/sixsig_detail.htm
I-SIX SIGMA	http://www.isixsigma.com
Six sigma Forum	http://www.sixsigmaforum.com
e-zsigma	http://www.e-zsigma.com
S/W Sixsigma	http://www.softwaresixsigma.com
Adams Six Sigma	http://www.adamssixsigma.com/default.htm
PWC(Global)	http://www.pwcglobal.com
Crystal Ball	http://www.crystalball.com
KPMG	http://www.kr.kpmg.com
QFD Institute	http://www.qfdi.org
SixsigmaQualtec	http://www.sixsigmaqualtec.com
Lean	http://lean.mit.edu
Quality Digest	http://www.qualitydigest.com
William Hunter(DOE)	http://www.curiouscat.com/bill
McKinsey	http://www.mckinsey.com
Process Model	http://www.processmodel.com/html/about_us.html

6시그마 혁신을 혁신하라
1판 1쇄 발행 2008년 9월 22일
2쇄 발행 2010년 10월 20일

지은이 LIG손해보험 6시그마연구회
펴낸이 이웅녕
펴낸곳 리드리드출판(주)
출판등록 1978년 5월 15일(제13-19호)
주소 서울 마포구 도화동 544 고려빌딩 210호
홈페이지 www.readlead.kr
이메일 we@readlead.kr
전화 (02)719-1424
팩시밀리 (02)719-1404

ISBN 978-89-7277-250-7 13320
값 12,000원